아버지와
동행

내 생애 최고의 기쁨

아버지와 동행

김예분 지음

"내 평생 살아갈 이유는 오직 예수입니다."

피톤치드

이 주 형

오정성화교회 담임목사
대한예수교장로회(합신) 증경총회장

할렐루야!

먼저 하나님께 감사와 영광을 올려 드립니다.

사랑하는 김예분 전도사님께서 《아버지와 동행》이라는 책을 출판하시게 된 것을 진심으로 축하드립니다.

고 전요한 목사님과 김예분 전도사님을 알게 된 지 어느새 40여 년이 흘렀습니다. 상담 드릴 일이 있어 목사님 사택을 방문하면서 처음 뵙게 되었습니다. 조언의 말씀을 잘 듣고 일어서려는 저에게 전 목사님께서 전도사님께 눈짓하시더니 봉투 하나를 가져다 주셨습니다. 교통비 하라고 주신 금일봉이었습니다. 어려웠던 저에게 큰 위로와 기쁨이었습니다.

그 뒤로 목사님은 제 목회의 멘토가 되셨고 저와 교회를 위해 전도사님과 함께 늘 기도로 중보해 주셨습니다. 저뿐 아니라 후배 목회자들에게 사랑과 조언, 기도를 아끼지 않으셨습니다.

존경하는 전 목사님과 전도사님은 일평생 기도로 사신 분들입니다. 그래서 이번에 김예분 전도사님이 펴내신 《아버지와 동행》이 더욱 의미 있게 다가옵니다. 밤낮으로 교회에서 생활하시다시피 하신 전도사님의 기도 행전을 통하여 역사하신 하나님을 증거하고 영광을 돌리기 위함일 것입니다.

모쪼록 이 책을 통해 우리보다 천국에 먼저 입성하셔서 기도하고 계실 고 전요한 목사님의 사역을 조명하고 김예분 전도사님의 기도와 열정과 희생이 몸된 교회와 후손들에게 귀한 가르침이 되기를 간절히 소원합니다.

산샘 박 재 천

시인, 한국문인교회 목사

　김예분 전도사님은 필자의 부친 영파 박용묵 목사님의 목회 일선에서 오랜 세월 동안 영파의 오른팔이 되어 기도와 심방, 섬김에 정성을 다하셨습니다. 또한 저의 어머니 고 이분례 사모와 고락을 함께한 분으로 제게는 가족과 같은 분입니다. 이 책의 제목처럼 아버지 하나님과 동행하시는 전도사님은 저와도 오랜 기간 친밀하게 지내왔기에 출판 소식에 마음이 더욱 기쁩니다.

　김예분 전도사님과 박용묵 목사님은 참 귀한 만남이었습니다. 아버지와는 영등포 신길동 대길교회에서 함께 목회하셨습니다. 박용묵 목사님의 신앙과 이분례 사모님의 사랑, 김예분 전도사님의 목양의 역사는 아름다웠습니다.

동행이란 함께 가는 것입니다. 어떤 사람이 자신이 걸어온 길의 발자국을 보았습니다. 두 사람의 발자국이었습니다. 하나는 자신의 것이었고 또 하나는 주님의 것이었습니다. 그런데 평탄하고 좋은 길에는 사이좋게 네 발자국이 찍혀 있는데 고난의 길에는 발자국이 두 개였습니다. 가장 힘들 때 주님이 떠났다는 마음에 괴로워하며 이유를 묻자 주님은 힘들어하는 그를 위해 업고 걸어가셨다고 말씀하셨습니다.

이 이야기는 전도사님의 삶을 떠올리게 합니다. 아브라함이나 다윗이 임마누엘 신앙으로 하나님과 동행했던 것처럼 전도사님도 주님과 동행하셨습니다. 때론 네 발자국으로 때론 두 발자국으로 주님과 동행한 저자의 귀한 삶에 박수를 보냅니다.

아무쪼록 이 책을 읽는 분마다 아버지 하나님과의 동행의 행복을 맛보고 삶의 기쁨이 충만하시기를 바랍니다.

이 부 형

고양제일교회 담임목사

김예분 전도사님의 간증집 출간을 축하드립니다.

팔십 평생 오직 복음의 길만 걸어오신 산 증인을 가까이에서 뵐 수 있다는 것은 저에게 큰 축복이라고 믿습니다.

마른 뼈와 같이 완전히 죽었던 인생이 예수님을 만나 소생하고 평생을 예수님을 위해 살겠노라 서원하신 이야기, 고 전요한 목사님과 함께 47년 전 연못 웅덩이를 메워 고양제일교회를 설립한 이야기, 온갖 고난과 역경 속에서도 한 영혼 한 영혼을 기도와 인내로 구원하고, 우리 교회가 고양동의 마을교회가 되도록 남은 생애를 충성하신 이야기 등 마르지 않는 샘과 같은 간증을 이제 마음으로 읽고 다음 세대에 생생히 전달할 수 있어 기쁩니다.

"많은 사람을 옳은 데로 돌아오게 한 자는 별과 같이 영원토록 빛나리라"(단 12:3)

이 말씀처럼 이번에 출간하는 간증집을 통해 생명의 빛이 온 누리에 더욱 밝게 비치기를 기대합니다.

책을
내면서

"아버지, 제가 이대로 아버지 곁에 가기엔 좀 아쉬울 것 같습니다. 그동안 나를 사랑하신 아버지에 대해 자랑하며 가고 싶습니다."

언젠가부터 이런 마음의 소원이 있어 기도를 드렸습니다. 잘난 것도 대단한 것은 없지만, 그래도 열일곱 살에 하나님 아버지를 만나 주의 종으로 헌신하여 80년 넘는 인생을 살아왔는데 아무 흔적 없이 사라지는 게 조금은 억울한 마음도 들었던 것 같습니다.

책을 낸다는 것이 저로서는 먼 나라 이야기였습니다. 방법도 수단도 몰랐습니다. 막연하게 소원만 품고 기도했는데, 나의 아버지는 언제나처럼 저를 걸음마 시키듯 하나하나 알려주

시며 사람을 붙여주셨습니다. 팔십 평생 동행해 주신 아버지는
참 친절하고 좋은 분이셔서 사랑하고 존경하던 박용묵 목사님
의 자제분들을 통해 늙은 여종의 소망을 이룰 수 있도록 길을
열어주셨습니다.

막상 책을 준비하면서 글을 쓰는 과정 또한 아버지의 위로였
다는 것을 알게 되었습니다. 팔십 년 넘는 인생을 기록하면서
아버지의 계획과 인도하심이 없던 날이 없었다는 사실을 새삼
느꼈습니다. 너무 부족한 저를 당신의 딸로, 종으로 세워주셔
서 참 많이도 쓰셨다는 것을 알았습니다. 또한 열일곱 수줍은
섬 소녀에서 여든넷 늙은 여종이 되기까지 모든 인생 가운데
부족함 없이 채워주신 은혜를 새롭게 깨닫게 되었습니다. 얼마

나 큰 위로인지 모릅니다.

　책을 준비하면서 소천한 남편 전요한 목사와 저에 관한 자료들이 필요해 찾아보았습니다. 남편 목사의 생전 설교 자료나 소장 물건, 전도사 사역 시절의 자료 등이 별로 없어서 서글픈 생각에 울기도 했습니다. 남편 목사나 저나 바로 하나님이 부르시면 당장이라도 '아멘'하고 따라갈 생각에 무엇 하나 남겨둘 생각을 못 했던 것입니다. 그저 남아 있는 것은 빛바랜 사진 몇 장뿐이었지만 그나마 지나간 날을 돌아볼 수 있게 되어 다행입니다.

　남아 있는 것이 별로 없다고 해서 섭섭하진 않았습니다. 사용하지 못해 녹슬기보다 많이 사용되어 닳아 없어지는 사역을 하겠다고 작정한 어느 선교사의 고백처럼, 주의 종으로 무릎이 닳도록 일했기에 만족합니다. 혹시나 제가 서운할까 책을 쓰고 싶은 소원을 불어넣으시고 그것을 가능케 하신 아버지의 위로에 감사할 뿐입니다.

　이 책은 늙은 여종의 아가(雅歌)서입니다. 아버지 하나님을 만난 뒤 나를 사랑하시는 아버지의 사랑에 반응한 화답가라고 생각하면 더 좋을 것 같습니다. 오랜 시간을 주의 종으로서 헌신했지만, 하나님께 받은 사랑에 비교하면 여전히 부족합니다. 다만 조금 덜 부족하기 위해 노력할 뿐입니다. 이 책이 그 노력을 보여주는 통로가 되기를 소원합니다. 아버지의 사랑을 표현하는데 문장력이 부족합니다. 그래도 미숙하고 투박하지만 진심을 담아 썼습니다.

태인도 앞바다 바다 내음을 맡으며 시골길을 걸어 예배당에 가던 소녀 시절을 기억합니다. 치마저고리를 입고 성경책을 옆구리에 끼고 주님을 만나러 가는 기쁨에 겨웠던 소녀의 설렘을 기억합니다. 사랑하는 아버지를 만나러 가는 기쁨과 감격이 여든넷 여종의 가슴에 박혀 있기에 오늘도 활기차게 살아갑니다. 그리고 여전히 아바 아버지와 정겨운 대화를 나눕니다.

"아빠 아버지, 오늘은 참 날씨가 좋지요? 그렇죠, 아버지!"

그러면 아버지는 웃으며 답을 주십니다. 그렇게 저는 아버지와 동행하며 살고 있습니다. 이 책을 통해 그 아버지를 자랑하고 싶습니다.

2020년 여름 **김예분**

열일곱 섬 소녀,
아버지를 만나다

"예분아, 예분아, 눈 좀 떠봐라!"

"아가, 죽지 마라, 죽지 마."

고요하던 작은 섬마을에 한바탕 난리가 났다. 이불 위에 누워 꺼져가는 숨소리를 느끼던 나는 그 야단법석 소리를 들었다. 방 안은 수은을 피운 연기가 가득했다. 연기에 취한 나는 자꾸만 까무러졌다. 방에 홀로 누워 있는 나는 손끝 하나 까딱할 힘이 없었다. 중독성 강한 수은 냄새가 독하게 퍼져 그만하라는 말조차 나오지 않았다. 방문 틈새를 꽁꽁 막고 수은을 얼마나 피워대는지 이미 의식을 거의 잃었다.

"하나님… 저… 이렇게 가나요? 저를 좀 도와주세요."

끝까지 의식을 붙들면서 기도만 했다. 열일곱 소녀, 깡마르고 뼈만 앙상하게 남은 나는 그렇게 죽음을 맞이하고 있었다.

"아이고… 아이고… 우리 아가, 이러다 죽는 거 아니요?"

밖에서 부모님의 애타는 곡소리만 들려왔다. 강한 수은 연기에 중독되지 않으려면 밖에서 기다리는 수밖에 없었을 것이다. 얼마나 그 연기가 독한지 온몸에 피어오른 부스럼이 다 떨어져 나가긴 했다. 지독스럽게 나를 괴롭힌 부스럼이 말이다.

언제부턴가 원인 모를 부스럼에 고통받던 나는 우리 집안의 그리고 동네의 수군거림의 대상이 되었다. 머리부터 발끝까지 빈틈없이 난 부스럼은 보기에도 흉측했고 아팠다. 그 작은 섬에 제대로 된 병원은 고사하고 의원 하나 없었으니 그저 민간 요법으로 치료하거나 자연적으로 나아지기만을 기다릴 뿐이었다. 하지만 부스럼은 전혀 나아지지 않았다.

"예분이 저년, 예수쟁이 되더니 벌 받았당께."

이런 수군거림이 계속되면서 육체적인 고통뿐 아니라 동네 사람들의 비방까지도 감당해야 했다. 그러니 부모님의 마음은 어땠을까. 두 분 역시 기독교인이 된 것을 핍박하셨지만 딸이 몹쓸 병이 걸린 것을 보며 가슴 아파하셨다. 여기저기 고칠 방법을 알아보려 했지만 쉽지 않았다.

그러던 어느 날 수은 연기로 병을 고칠 수 있다는 말씀을 들으시더니 마지막 방법으로 해보자고 하셨다. 이미 약해질 대로 약해져 누워 있던 나는 부모님의 제안을 따랐다. 부모님은 방에 공기 하나 새어나갈 틈도 없이 막고 어렵게 구한 수은을 피웠다. 불로장생을 원하던 진시황도, 영생을 꿈꾸던 서양의 왕비도 중독되었다던 수은은 과연 독성이 강했다. 온몸에 있는 부스럼을 싹 가라앉혔다. 말도 못 하게 지독했던 딱지가 떨어졌다.

그러나 수은은 내 생명까지 앗아가고 있었다. 그대로 천국으로 갈 것 같았다. 이런 상황을 아셨는지 이미 부모님과 동네 분들은 곡을 시작했다. 아직 시집도 못간 불쌍한 딸년이 죽게 되었다며 울음을 터트렸다.

바로 그때였다. 갑자기 눈앞이 환해지며 누군가 내 앞에 섰다. 누워 있던 내가 눈을 들어보니 바닥에 끌리는 옷을 입은 한 형체가 보였다. 그 옷이 얼마나 빛나는지 눈이 부셨다.

“누구세요?”

그분은 말씀하지 않았지만 나는 알 수 있었다. 예수님이었다. 예수님은 눈을 뜬 나를 향해 손을 뻗으시곤 품에 안으셨다. 나를 꽉 안아주시는 손길이 강하면서도 부드러웠다. 그 품이 어찌나 포근하고 따뜻했는지 온몸에 생기가 돌며 눈이 번쩍 뜨였다. 이부자리에서 벌떡 일어났다. 며칠 동안 자리 보존하고 일어날 수조차 없던 나에게 관절마다 힘이 생겼다. 힘줄마다 힘이 솟았다. 에스겔에 나오는 마른 뼈에 생기가 솟아나는 기분이 이런 것일까. 예전의 나는 간 곳 없이 새사람이 되었다. 쳐다볼 수 없을 정도로 끔찍한 부스럼도 깨끗하게 나아 있었다. 죽어가던 김예분이 아니라 새롭게 태어난 김예분이 된 것이다.

“콰콰콰쾅!”

그때 하늘에서 벼락 같은 뇌성이 쳤다. 엄동설한 12월인데 뇌성이 치다니. 사람들은 안타까운 목숨이 죽어서 하늘도 소리를 치는구나 여겼다. 다들 내가 죽었다고 생각했을 때, 방문을 ‘쾅’ 열고 나갔다.

“워매… 저… 저게 뉘여? 귀신이여? 쟈… 예분이 아닌가?”

하얀색 홑저고리 바람으로 문을 박차고 나간 나를 본 사람들은 너무 놀라 귀신인 줄로 알았다. 하지만 이내 사실을 알아차렸다.

“예분아, 아이고 예분아. 네가 어떻게 그렇게 걸어서 나왔냐?"

모두 놀랍고 반가운 마음에 나에게 달려들었다. 하지만 나는 그들을 물리치고 뛰쳐나갔다. 달려간 곳은 예배당이었다. 교회에 도착한 나는 마룻바닥에 엎드려 엉엉 울었다.

"아버지! 아버지! 흑흑흑."

지금까지 흘렸던 눈물과는 다른 눈물이었다. 죽어가던, 아니 이미 죽었던 나를 살려주신 하나님 아버지의 사랑에 감사했다. 나 같은 죄인을 살려주신 아버지의 은혜에 감격했다. 죽을 수밖에 없던 나를 살려주신 하나님이 너무 고마워 이 은혜를 어떻게 갚으며 살아야 할지 물었다.

하나님은 이미 듣고 싶은 대답이 있으셨던 것 같다. 단 한 번도 계획하지 않았던 입술의 고백이 저절로 나왔기 때문이다.

"하나님 아버지, 저를 살려주셨으니 이제는 제 일생을 주님의 복음을 위해, 하나님 나라를 위해 바치겠습니다."

하나님은 이름 없는 섬 마을, 태인도의 작은 소녀의 서원을 받으셨다. 주의 종이 된다는 것이 어떤 것인지도 모르는데 서원을 드리게 하신 걸 보면 그저 하나님 아버지를 사랑하는 마음이 가득했던 소녀의 순수한 신앙을 받아주셨던 것 같다.

그렇게 나는 나의 아버지 하나님을 만났고 그분의 자녀가 되었다. 열일곱 살에 만난 하나님은 여든넷이 된 지금까지 동행하신다.

열일곱 순수했던 소녀에서 세월의 흔적이 가득한 주름살 많은 노인으로 변하는 동안 언제나 옳으셨던 나의 아버지, 언제나 사랑하신 나의 아버지가 함께하신다. 그래서 아버지와의 동행은 늘 기쁘고 행복하고 기대가 된다.

목차

01 The Calling
종으로의 부르심

02 The Mission
종에게 주신 사명

03 The Devotion
평생 사역자로의 헌신

우리가 알거니와 하나님을 사랑하는 자,
곧 그의 뜻대로 부르심을 입은 자들에게는
모든 것이 합력하여 선을 이루느니라

- 롬 8:28

The Calling

종으로의 부르심

섬 소녀,
예수를 만나다

"예분이, 너 이리 안 나오냐? 어디 갈 데가 읎어서 예배당을 갔냐. 한 번만 더 가믄 다리 몽댕이를 분질러버릴랑께. 뭐하냐? 대답 안 하고?"

"아니요. 못해요. 안 해요."

"워메, 워메. 야가 미쳐 부렀네. 예수쟁이가 되어 부렀어. 이봐, 다시는 예배당 못 가게 문 걸어 잠궈."

집안이 한바탕 난리가 났다. 워낙 좁은 섬마을이었기에 온 동네 사람들이 담장을 넘어 들려오는 소란에 고개를 기웃거렸다.

나는 그날 부모님께 얻어맞고 집안에 갇혔다. 서슬 퍼런 아버지의 목소리와 어서 빨리 예배당에 가지 않겠다고 말씀드리라며 등을 치는 어머니의 손길이 아직도 생생하다.

"흑흑… 주님… 저 어떻게 해요?"

혹시라도 기도 소리가 들릴까 숨죽여 기도했다. 그저 어서 빨리 예배를 드리러 가고 싶다는 생각뿐이었다.

내가 태어나 자란 곳은 전라남도에 있는 섬 태인도다. 대한민국 남쪽 끝단에 있는 이름도 알려지지 않은 작은 섬, 김이 많이 나서 김 양식으로 먹고사는 섬이었다. 1937년, 일제 치하에 시달리던 해에 자식 많고 가난한 집에 보잘것없는 딸로 태어났다. 태어난 날이 추석 아침이었다. 부정한 딸이 명절에 태어났다고 제사도 드리지 않았다고 한다. 돌아보면 태어날 때부터 우상을 타파하게 하신 것 같다.

섬마을의 생계가 그러하듯 아버지는 어업을 하셨다. 그것으로 부족한 어머니는 농사를 지으셨다. 전형적인 섬 생활이었다. 자식들은 당연히 집안 일손을 도와야 했다. 특히 딸들은 어머니의 집안일을 함께했다. 형제들 사이에서 중간인 나 역시 살림과 육아 등 어머니의 일을 도왔다. 섬마을 학교 학생이었지만 똑똑하단 소리깨나 들으며 1등을 놓치지 않을 정도로 공부도 잘했다. 그러나 상급학교는 진학하지 못했다. 일제 치하와 해방, 그리고 6·25 전쟁을 경험하며 험난한 근대사를 몸소 겪었기에 삶이 팍팍했다. 물론 뭍으로 나가 공부를 계속하고 싶은 마음이 굴뚝같았지만 집안 형편상 초등학교 교육도 다 마치지 못하고 5학년까지 다니고 집안일을 도왔다.

열다섯 살 즈음 좀 귀찮은 일이 생겼다. 친하게 지내던 친구가 어느 날 나에게 예수를 전했다.

"예분아, 예수님 믿어보지 않을래?"

"예수? 야, 난 싫어. 너나 믿어라."

"그러지 말고 나랑 예배당에 한 번만 가자."

"싫어. 난 그런 거 안 믿어."

예수가 누군지도 모를뿐더러 섬 특성상 민간신앙인 고사나 굿에 익숙했다. 또 예수를 믿고 싶은 생각도 없었다. 그런데 그 친구는 계속 권유했다. 친구는 할아버지 대부터 하나님을 믿는 기독교 집안에서 자라서인지 어떤 핀잔을 줘도 흔들리지 않는 눈빛으로 예수를 전했다.

당시 태인도에는 교회가 딱 하나 있었다. 동네 사람들은 교회를 알기는 했지만 좋아하진 않았다. 거칠고 미신의 영향 아래 있는 섬 사람이 하나님을 믿는다는 건 쉽지 않았다. 특히 6·25 전쟁 중이라 폐허가 된 나라를 바라보며 실의에 빠져 있을 때라 먹고사는데 더 급급했다. 이런 분위기 속에 자란 나였으니 기독교에 대한 인식이 좋을 리 없었다.

"예분아, 나랑 같이 예배당에 가자."

"야, 지치지도 않냐. 난 안 간다니께 왜 그러냐."

"그러지 말고 나랑 딱 한 번만 가보자. 응?"

친구는 하루가 멀다 하고 전도했고 나는 그 열심에 못 이겨 덜컥 약속하고 말았다. 그게 시작이었다. 친구와 교회 가기로 약속한 주일이 되었다. 집에는 대충 거짓말로 둘러대고 나왔는데 산등성이를 넘어가는 뒤통수가 내내 불편했다. 예배당이 한 군데밖에 없었기에 어디로 가야 하는지 알고 있었지만, 친구는 기쁜 마음으로 마중을 나와 주었다.

"어서 와, 예분아."

"그래. 오늘만 오는 거야. 그리 알아."

"알았어. 들어가자."

살가운 친구의 안내를 따라 교회 뜰을 지나 문을 열고 들어갔다. 드르륵 문을 열고 성전으로 들어가는데 순간 주위의 모든 빛이 켜지는 듯 환해졌다. 등도 없고 전기도 들어오지 않던 시절이었는데 이상한 일이었다. 게다가 마치 기다렸다는 듯 나를 반겨주는 푸근함과 따뜻함이 전해졌다. 눈앞에 보이는 십자가가 낯설지 않았다. 어서 오라며 맞이하는 목사님 부부가 가족 같았다.

예수님과의 첫 만남은 무척 따뜻했다. 이전엔 느껴보지 못한 따뜻함이었다. 설교 말씀에 거부감이 전혀 들지 않았다. 그대로 믿어졌다. 아마도 하나님의 부르심이 있었기에 가능한 일이었을 것이다. 더 이상 친구는 내게 교회 가자고 말하지 않았다. 내가 먼저 교회를 찾았고 예배를 드렸기 때문이다. 교회에 가는 것이 마냥 좋았다. 열다섯 섬 소녀와 만나 주신 하나님은 별다른 소망도 뚜렷한 목적도 없이 살아가던 나에게 환한 빛으로 다가오셨다.

하지만 핍박도 시작됐다. 집에서 교회에 다닌다는 사실을 알게 된 것이다. 주일마다 예배당을 다녀오는 데다 밤에 있는 사경회 등을 빠지지 않고 다니다 보니 둘러대는 것도 한두 번이지, 금세 눈치를 채셨다. 동네에도 내가 예수쟁이가 되었다는 소문이 쫙 퍼졌다.

"너, 인자부터 예배당 가면 가만 안 둔다."

" … "

"대답 안 허냐?"

" … "

핍박이 계속 되었지만 타협하지 않았다. 집안이 발칵 뒤집혔어도 상관없었다. 하나님을 알게 된 것이 너무 좋아 새벽기도에 나가 종을 치고 순천에 부흥회가 있으면 참석해서 은혜를 받았다. 당시 유명한 부흥사 병계단 권사님의 부흥회, 청소년 부흥사로 유명한 쌀비스 박사의 부흥회 등에 참석하여 성령을 받았다. 부흥회를 참석 하고 섬으로 돌아오면 복음을 전하고 싶어 곳곳을 돌며 예수님을 전했다.

"예수 믿으세요. 그래야 천국 갑니다."

"예수를 믿으면 세상이 천국으로 바뀝니다."

사람들은 내가 예수 믿고 미쳤다고들 했다. 상관없었다. 너무 좋은데 어쩔 것인가! 전쟁 중이었지만 예수를 믿고 나니 산천도 바다도 바위도 춤을 추는 듯했다.

당연히 갈등도 계속되었다. "가지 마라.", "갈 거다." 아버지께 혼이 나고 붙잡히기도 했다. 빗자루로 등짝을 맞기도 했지만 그럴수록 예배당에 가서, 나를 사랑하시는 하나님의 사랑을 느끼고 싶었다. 성경 말씀을 통해 알게 된 하나님 아버지는 내가 태어나기도 전에 나를 아시고 세상에 보내어 구원을 받게 하실 만큼 크고 사랑이 풍성하신 분이었다. 그분의 자녀가 되어 영생을 얻게 된 기쁨을 누리고 싶었다.

그래서 매일 밤 담을 넘고 산등성이를 넘어 예배당을 향했다. 숨겨놓은 신발을 찾지 못해 버선발로 교회에 가기도 했다. 그만큼 예수님이 좋았다. 주님은 그렇게 내 인생에 들어오셨다.

죽음 앞에서
만난 하나님

　어느 날부터 몸이 이상했다. 처음엔 피부가 건조해서 그런가 보다 했는데 부스럼이 하나둘 생기더니 온몸으로 번졌다. 제대로 된 병원이나 의원이 없었던 터라 손을 쓸 겨를이 없었다. 이러다 괜찮겠지 생각했지만 날이 갈수록 심해졌다.

　"예분아, 너 왜 이러냐?"

　부모님도 심상치 않은 모습에 걱정하셨다. 나 역시 덜컥 겁이 났다. 꽤 건강하다고 생각했는데 열일곱 소녀 몸에 부스럼이라니. 몸에 난 부스럼은 얼굴로 옮겨갔고 머릿속까지 퍼졌다. 밤마다 가려워 긁기 바빴고 긁은 자국에는 피가 나서 딱지가 앉았다. 가렵고 따갑고 당기며 열까지 났다. 매일 냇가로 가서 씻고 약초를 짓이겨 발라보았지만 효과가 없었다.

"하나님, 하나님, 저 좀 고쳐주세요. 제가 왜 이러지요?"

교회에 가서 매일 기도하며 매달렸다. 교인들도 나의 상태를 걱정하고 기도해 주었지만 부스럼은 점점 심해졌다.

집에서도 난리가 났다. 암탉이 울면 집안이 망한다더니 예수에 미쳐 돌아다니다 죽을병에 걸렸다며 원망을 퍼부어댔다. 너 때문에 광산 김씨 망했다는 소리도 많이 들었다. 아픈 것도 서러운데 아픈 딸을 향해 모진 말을 퍼붓는 부모님이 더 야속했다. 이 마음을 풀어낼 곳은 하나님 외에는 없었기에 매일 교회로 나가 고쳐달라고 부르짖었다.

부스럼과 딱지가 온몸을 뒤덮어 맨살을 볼 수 없을 지경이 되자 부모님은 동네에 하나 있는 한약국을 찾아갔다. 지금 생각하며 정식 한의사는 아닌 것 같은데, 그분이 내 모습을 보더니 혀를 끌끌 차며 고개를 저으셨다.

"쯧쯧… 이게 피부에 독성이 있어서 그런 건데…"

"고칠 방도가 없나요?"

"아이고… 온몸을 뒤덮었구먼. 병원이라면 순천까지 가야 할 텐데. 거기서도 고친다는 보장은 없고… 혹시 이 방법이 될까 모르겠는데 수은을 피워 놓으세요."

지금은 수은이 맹독성으로 구분되지만 그때는 시골에서 수은을 피워 놓는 일이 종종 있었다. 물론 그때도 독하다는 걸 알았지만 독은 독으로 낫게 한다는 믿음이 있었다. 그날로 내가 누워 있던 방에 틈새가 메워지고 독한 수은 연기가 방을 가득

채웠다.

"콜록콜록."

어찌나 연기가 독한지 처음엔 기침이 나더니 이내 정신이 몽롱해지면서 까부라졌다. 신기하게도 온몸을 뒤덮은 딱정이가 하나둘 떨어졌다. 하지만 정신이 혼미해 죽을 지경이었다.

"예분아, 그래도 밥은 먹어야지. 일어나 한 술 떠라."

어머니는 때가 되면 방으로 밥상을 넣어주셨는데 연기에 취해서 밥 한 숟가락도 입에 넣을 수 없었다. 전혀 삼킬 수 없어 그저 물만 마셨다.

며칠이 지나자 목사님 부부가 소식을 듣고 심방을 오셨다. 부모님에게 핍박을 당하면서도 믿음을 지켜가던 나를 어여삐 보시던 분들이었다. 어려움을 당하고 있는 나를 위해 기도하시던 분들인데, 병세가 심해 교회에 나가지 못하니 찾아오신 것이다. 수은 연기에 취해 누워 있는 나를 보신 목사님 부부는 그 자리에 털썩 주저앉아 펑펑 우셨다. 사모님은 부스럼으로 뒤덮인 내 손을 붙잡으며 이야기하셨다.

"예분아, 네 모습을 보니 꼭 욥 같구나."

나에게 사모님은 동방의 의인이라 불렸던 욥의 시험에 대해 말씀해 주셨다. 하나님이 허락하신 시험을 당했지만 끝까지 믿음을 지켜 의인의 자리를 지킨 욥, 그때 욥을 처음 알게 되었다. 듣고 보니 그가 당한 육체의 고통이 꼭 나의 고통과 같다는 생각이 들었다.

"예분아, 욥은 끝까지 믿음을 지켜 하나님의 복을 받았다. 그 동안 네가 핍박을 받으면서도 예수님 딸로 열심히 신앙을 지킨 걸 하나님도 아신다. 그러니 믿음 잃지 말고 반드시 이 고통을 이겨내야 한다."

목사님의 심방을 받고 나는 용기를 얻고 침상에 누워 기도했다. 고쳐달라고, 고쳐달라고. 예수님을 떠올리며 나의 모든 고통과 고난을 거둬달라고 기도했다. 그러는 동안 수은의 강한 연기에 나는 점점 죽어갔다. 수은 연기에 머리카락이 다 빠지고 입안은 헐어 어떤 것도 넘길 수가 없었다. 그저 소금물만 조금 마실 뿐, 온몸은 뼈만 앙상하게 남았다.

엄동설한 12월에 하루가 다르게 야위어가는 내 모습을 보며 부모님은 절망했다. 다 키운 딸을 이렇게 아깝게 보내는구나 애통해했다. 손끝 하나 까딱할 힘도 없이 그저 숨만 가쁘게 쉴 뿐이었다.

"예분아, 말 좀 해봐라. 응?"

"흐… 으…"

마침내 부모님은 딸을 잃었다고 생각하셨는지 방안에 나를 둔 채 바깥으로 나가셨다. 소식을 듣고 온 동네 사람들이 마당에서 서성이며 걱정을 보태고 있었다. 내가 이렇게 죽는다고 생각했던 것 같다. 그런데 그때 갑자기 하늘에서 벼락이 쳤다. 콰쾅! 하는 소리가 들리는데, 내가 일어나 있었다. 영혼이 일어나 있는 상태였다. 방안이 환해지더니 발에 끌리는 흰옷을 입은 형체가 나타났다. 환한 빛 같기도 하고 불꽃같이 타오르는 불빛 같기도 했다. 그분이 죽어있는 내 몸을 꽉 안으셨다. 그러자 내 몸이 벌떡 일어나졌다. 바깥에서는 벼락 치는 소리에 내가 죽었다고 확신하고 곡하는 소리가 들렸다. 방문을 박차고 뛰쳐나갔다.

당연히 죽었다고 생각했던 애가 방문을 박차고 나가자 사람들은 혼비백산했다. 부모님도 귀신을 본 것처럼 놀라워 말을 잇지 못했다. 쇠꼬챙이처럼 마른 몸으로 신발도 신지 않고 무작정 내달렸다. 문을 박차고 달려간 곳은 교회였다. 그리곤 교회 마룻바닥에 엎드려 나를 살려주신 하나님, 나를 찾아와주신 하나님께 감사하여 울며 기도했다.

"아버지, 감사합니다. 살려주셔서 감사합니다. 평생 아버지를 위해 일하는 사람이 되겠습니다. 꼭 그리 하겠습니다."

그 자리에서 서원했다. 하나님의 종으로 산다는 게 어떤 것인지 모르는 열일곱 나이였지만 나를 향한 아버지 사랑을 확신했기에 그 아버지의 딸로 평생 살아가는 게 당연하다고 생각했다. 아니, 이미 그분의 계획이셨다.

겉보리 쌀 일곱 되
싸서 들고

    하나님을 만나 새 생명을 얻은 나는 완전히 달라졌다. 이전에도 하나님이 좋아서 밤낮 예배당을 다니고 전도하러 다녔지만, 주의 종이 되겠다고 서원하니 생각할 것이 많았다.

    "목사님, 주의 종이 되려면 어떻게 해야 합니까?"

    "목사가 되려면 신학을 공부해야 하는데… 아무래도 공부하려면 뭍으로 나가야지."

    태인도에서 나갈 수 있는 곳은 순천이었다. 순천은 태인도보다 교회도 더 있고 사람도 많기에 아무래도 기회가 있을 듯했다. 나를 교회로 인도한 친구도 주의 종이 되겠다는 내게 순천에 가면 성경을 공부할 수 있다고 이야기해 주었다.

    '그래, 순천으로 가보자.'

구한말에 해외 선교사들에 의해 기독교 복음이 전해졌다. 미국과 캐나다, 호주 등에서 온 선교사들이 전국으로 퍼져 복음을 전했다. 전라도 지방의 선교 활동도 꽤 활발했다. 전주를 비롯한 순천 등에 교회가 세워지면서 복음의 불이 타오르고 있었다. 특히 순천에 세워진 순천중앙교회는 복음의 전초 기지로 부흥집회나 사경회가 자주 열렸다. 나는 1940~50년대 활발하게 복음을 증거하던 전도부인이나 권사, 외국 선교사들의 사경회가 있으면 열 일 제쳐놓고 갔었다. 태인도에 비하면 순천은 많이 개화된 곳이었다. 다행히 순천은 낯선 곳이 아니었다.

순천에 가면 뭔가 방법이 생길 것 같다는 생각에 계획을 세웠다. 부모님은 하나님이 나를 고쳐주신 것을 보셨음에도 하나님을 믿지 않았다. 그러니 복음을 전하는 종이 되겠다는 내 뜻을 허락할 리 없었다. 솔직히 허락받고 나올 생각도 하지 않았다. 죽은 셈 치고 하나님을 위해 살겠다고 다짐한 자가 감내해야 할 몫이라고 생각했다. 그래도 집을 나가 살려면 뭐라도 있어야 하지 않을까 싶어 방법을 구했다. 매일 엎드려 기도하며 길을 열어달라고 기도했다. 그 모습을 지켜본 교회 성도들은 은혜라고 했다. 동네 사람들은 미쳤다고 했다. 상관없었다. 아버지를 위해 사는 삶은 상상만해도 너무 좋았다.

그러던 어느 날, 기도 중에 무릎을 쳤다.

"아… 이모한테 말씀드리면 되겠구나!"

이모는 방앗간 주인이었다. 1950년대 시골에서 방앗간을 한다는 것은 먹고사는데 부족함이 없다는 것을 의미했다. 이모라면 노잣돈을 조금 보태줄 것 같았다. 그 흔한 이별의 말도 할수 없었기에 마음으로나마 가족의 구원을 위해 기도하고 한겨울 찬바람을 맞으며 집을 나섰다. 이모가 계신 곳은 태인도에서 배를 두 번이나 타고 가야 하는 곳이었다. 고무신만 신어도 잘 사는 그 시절에 짚신을 신고 하얀 무명 치마에 얇은 겉옷을 걸치고 무작정 나섰다. 병상에서 일어난 지 한 달이 안 되었기에 몸은 쇠꼬챙이처럼 말라 있었다. 바다를 건너는데 찬바람이 뼛속까지 스며들었다. 그럴수록 '나 같은 죄인 살리신 주 은혜 놀라워' 찬송을 부르며 견뎠다.

이모네 방앗간에 도착하니 구수한 쌀밥 냄새가 코를 자극했다. 뜨끈뜨끈한 가래떡이 쭉쭉 나오는데 얼마나 먹고 싶은지 나도 모르게 입맛을 다셨다. 사촌오빠가 나를 먼저 알아봤다.

"예분이 아니냐. 여긴 어쩐 일이냐?"

"오빠, 나 부탁 좀 들어줘. 나 순천에 공부하러 갈라는데 가진 게 없어. 여긴 쌀이 많으니 쌀 좀 주면 안 될까? 쌀 팔아서 공부 좀 할라니."

사촌오빠는 눈이 동그래져서 무슨 공부를 하러 가는지 물었다. 자기 집까지 찾아온 걸 보면 부모님께 아무 말도 하지 않고 왔음을 눈치 챘던 것 같다.

"너 무슨 공부를 순천까지 가서 하려고 하냐?"

"난 하나님을 위해 살 거야. 오빠도 예수 믿어. 예수 믿어야 천국에 갈 수 있어."

쌀 달라고 온 사람이 예수를 전하니 오빠는 황당해하면서도 아직 열일곱 밖에 안 된 동생의 의지를 보았던지, 방앗간에서 일하는 이모를 향해 이렇게 말했다.

"어매! 예분이가 쌀 달라고 왔는디 쌀 좀 주시오!"

이모님은 내게 이유를 묻지 않았다. 아들의 이야기를 듣곤 말없이 보자기에 뭔가를 싸주셨다. 꽤 묵직해 보이는 보따리를 받아들곤 꾸벅 인사를 드렸다.

"감사합니다, 이모."

"그려. 잘 들고 가라이."

그 길로 이모가 들려준 보따리를 머리에 이고 나섰다. 일곱 되 정도 되는 양이라 꽤 묵직했다. 마음이 뿌듯했다. 당시 가장 값나가는 것이 쌀이니 든든했다. 물론 이것 가지고는 먹고 살면서 공부까지 하기는 턱도 없었다. 그래도 최소한 면피는 하겠다는 생각이 들었다. 그런데 알고 보니 이모님이 싸주신 건 쌀이 아니었다. 찧지도 않은 겉보리였다. 그땐 사실을 알 수 없으니 쌀이라고만 굳게 믿은 나도, 겉보리 쌀을 둘러 준 이모도 참 어지간했다.

찬바람이 옷깃을 파고드는 날, 무명 치마에 짚신을 신고 보따리를 머리에 인 열일곱 소녀는 70리 길을 걷고 또 걸었다. 바람이 세게 불면 날아갈 것 같은 몸이었지만 그래도 아버지 하나님을 만나러 간다는 마음으로 70리, 27킬로미터를 찬송하며 기도하고 나아갔다. 하나님이 함께하셨기에 담대하게 나아갈 수 있었던 것 같다.

순천으로 접어들었을 때 날이 밝았다. 지친 나는 마지막 힘을 다해 순천중앙교회를 찾아갔다.

"어떻게 오셨수?"

"안녕하세요. 김예분이라고 합니다."

"근데 무슨 일로?"

"실은 제가 예수를 믿고 주의 종이 되려고 하는데 순천에 오면 성경 공부를 할 수 있다고 해서요. 태인도에서 왔습니다."

"어디요? 태인도? 아니 그 먼 곳에서 여그까지 어찌 오셨수?"

꽁꽁 언 채로 쓰러질 것 같은 모습으로 서 있는 나를 본 그분은 놀라서 입을 다물지 못했다. 얼마 뒤 그분이 쫓아나가서 누군가를 모시고 들어왔다. 교회 여집사님이었는데 내 이야기를 듣고는 꽁꽁 언 손을 잡으셨다.

"아이구… 여기가 어디라고 이 몸을 해서 왔을꼬."

집사님은 나를 긍휼히 여기는 마음으로 바라보시며 어떻게든 도와주겠다고 하셨다. 그 말씀을 듣는데, 정말 하나님이 나의 서원을 들으셨다는 믿음이 생겼다.

"하나님 아버지, 감사합니다. 제 인생을 아버지께 맡깁니다."

제2의 예루살렘에서
만난 주님

　　1950년대 순천을 비롯한 전라도 지역의 복음화율은 꽤 높았다. 1893년부터 테이트나 레이놀즈 전킨 선교사들이 활발히 복음을 전하며 척박한 땅에 복음의 씨앗을 뿌렸다. 순천은 전남 동부권에 복음의 진원지로 자리 잡았다. 특히 순천시 매산동 일대에는 학교와 병원 등이 많이 세워졌다. 1907년에 세워진 전라도 최초의 순천중앙교회을 비롯해 매산학교, 순천고등성경학교 등이 그랬다. 순천을 제2의 예루살렘이라고 부를 정도였다. 그리고 주님이 그곳으로 나를 부르셨다. 아무것도 가진 게 없었지만 아버지가 계셨기에 담대했다.

　　"학생, 오늘부터 우리 집에서 지내요."

　　"정말 고맙습니다. 이렇게 신세를 져도 될지 모르겠어요."

"원, 별말을… 그 몸으로 엄동설한에 여기까지 온 게 기적이야. 그러고 보면 하나님을 위해 사용될 종이 맞나 봐요."

순천중앙교회에서 만난 집사님이 데려간 곳은 매산고등학교 사택이었다. 집사님은 매산중학교 서무과장인 심오택 장로님의 아내였다. 장로님 내외 역시 순천의 복음화 물결과 함께 하나님의 자녀가 된 분들이라 열정이 넘치셨다. 그래선지 혈혈단신 하나님의 종이 되겠다고 무작정 온 나를 어여삐 여기셨다. 나를 안타깝게 여기시며 어떻게든 공부해서 주의 종이 되도록 기도해주셨고 도와주셨다.

다행히 선교사님이 쓰시던 방이 한 학기 동안 비어서 그 방에서 생활하도록 했다. 공부할 수 있는 길도 알아봐 주셨다. 나는 초등학교 교육이 전부였기에 신학을 하기 위해 정규교육 과정을 수료해야 했다.

"예분이 학생, 순천에 고등성경학교라고 있어. 신학교를 가려면 정규교육을 마쳐야 해. 그 학교에서 공부를 마치면 신학교 들어갈 자격이 생기니 거기서 공부해볼 텐가?"

"장로님, 저야 공부할 곳만 있으면 됩니다. 그런데 저 같은 사람도 배울 수 있을까요?"

"주의 종이 되겠다고 온 사람인데 당연히 배워야지."

심 장로님이 말씀하신 곳은 순천고등성경학교였다. 공부할 수 있는 길이 열리자 하나님께 매달렸다. 그저 예수님을 만나 기쁘고 좋은 마음으로 이곳까지 왔으니 정말 주의 종의 길을 걷게 해 달라고 기도했다. 몸도 조금씩 회복되며 살이 붙기 시작했다. 심오택 장로님 부부가 배려해주신 덕분에 숙식도 해결할 수 있었다. 오도 가도 못한 어린 소녀를 먹이고 입히며 공부까지 시켜주시다니, 하나님이 하신 일이다.

성경고등학교에서의 생활은 신세계였다. 성령을 받아 전도의 열정이 타올라 뛰어다니던 때는 말씀을 잘 몰라 이 기쁨을 온전히 누릴 수 없었다. 조금씩 말씀을 알아가는 과정이 너무 달고 달았다.

'아, 아버지! 이게 그런 뜻이었군요.'

날마다 하나씩 깨달아가는 기분이랄까. 고향 집에 대한 생각이 전혀 나지 않을 만큼 성경 공부가 재미있었다.

한 학기가 뚝딱 지나가고 여름방학이 다가왔다. 사택에 머무를 수 없었던 나는 주님께 기도했다. 태인도 집에 돌아갔다가 다시 오는 건 상상도 못 할 일이었다. 들어가면 나오지 못할 게 뻔했다.

"아버지, 저 어떻게 할까요?"

교회 마룻바닥에 앉아 길을 열어달라고 기도했다. 그런데 내 이야기를 전해 들은 한 분이 여수 고사동으로 가보라 했다.

"예분 학생, 여수에 가면 고사동 제일교회가 있어. 거길 한번 가봐."

그분 말씀에 의하면 교회 일을 하면서 숙식을 해결할 수 있다고 했다. 나는 그것을 하나님의 응답으로 믿고 방학을 하자

마자 제일교회를 찾아갔다. 여수 역시 순천처럼 전남 지역의 복음화를 이룬 곳이다. 고사동 제일교회는 1906년 김암우 여사가 세운 교회로 당시 손치호 목사님이 시무하셨다. 오랜 전통과 역사를 지닌 교회인 만큼 규모도 있고 시설도 좋았다. 교회에 도착한 나는 무작정 손 목사님을 찾아가 사정을 말씀드렸다.

"젊은 학생이 참 고생이 많네. 그래 방학 동안 여기서 지내며 교회 일 좀 도와주게."

"목사님, 감사합니다."

돕는 일이라면 자신 있었기에 더운 여름 내내 교회 일을 돕고 봉사활동도 하며 지냈다. 그런데 어느새 2학기가 다가왔고 다시 순천으로 돌아갈 형편에 눈앞이 막막했다.

"하나님, 이제 저는 어디서 지내야 할까요?"

나의 염려와 다르게 주님은 기가 막히게 거할 곳을 예비해 놓으셨다. 어느날 태인교회 김동옥 목사님이 찾아오셨다. 내 첫 신앙생활을 인도해주셨던 목사님은 주의 종이 되겠다고 순천으로 떠난 내가 걱정되어 찾아오신 것이다. 방학을 맞아 머물 곳을 찾아 여수로 갔다는 이야기를 듣고 가슴 아프셨던 목사님은 어떻게든 돕고 싶은 마음에 순천노회와 관계가 깊은 순천매산고등학교를 찾아가 내 얘기를 의논하셨다. 그리고 고등 성경학교 기숙사로 들어갈 수 있도록 하셨다. 당시 그 학교의 교장은 외국인 선교사 밀라 여사였다. 워낙 한국을 사랑하고 교육에 헌신한 분이었기에 딱한 나의 사정을 잘 이해해주셨다.

매산학교는 선교사에 의해 시작된 학교로 성경을 정규과목으로 가르치는 역사 깊은 기독교 학교다. 신사참배를 거부해 폐교되기도 했지만 다시 학원 선교에 불을 지펴 일어섰고 제도가 개편되면서 매산고등학교와 여자고등학교로 분리되어 운영되고 있었다. 외국인 선교사가 설립한 곳이다 보니 기숙사가 있는 성경학교도 따로 운영하고 있었는데 그곳에서 공부할 기회가 생긴 것이다.

"하나님 아버지, 감사합니다."

그저 비바람 막을 수 있는 거처만 있으면 된다고 생각했는데 신식 시설의 기숙사라니! 과연 아버지는 쓸 것을 미리 아시고 채우시는 분이었다. 기숙사는 상상 이상이었다. 뜨뜻한 온돌방에 끼니마다 쌀밥이 나왔다. 얼마나 살기가 편한지, 어느새 살집이 오르고 생기가 돌았다. 주는 밥 먹으며 따뜻한 방에서 자고, 학교에서 성경을 공부하니 천국이었다. 물론 이 시간이 영원하지 않다는 것은 알고 있었다. 그래도 주어진 시간만큼은 충분히 감사하며 즐기자는 마음으로 기숙사 생활을 했고 순천에서의 성경 공부 과정을 마무리 지을 수 있었다.

주의 종이 되겠다며 무작정 찾았던 순천, 한국의 제2의 예루살렘이라 불린 이곳으로 오게 하신 과정을 돌아보면 꿈만 같다. 70리 길을 걸어 순천으로 오게 하시고 아무 연고도 없는 곳에서 성경학교까지 어떻게 마치게 하셨는지 주의 은혜가 아니고선 불가능한 일이었다.

이른 비 늦은 비로
채워주심

앞날을 스스로 개척해야 하는 상황은 열아홉 살이 되어서도 여전했다. 순천에서 성경고등학교 과정을 수료하며 다음 과정을 밟아야 했지만 앞날이 막막했다. 나의 기도는 더욱 간절해졌다.

"아버지, 저 이제 어디로 가야 합니까?"

기도 중에 하나님은 한 사람을 기억나게 하셨다. 손두한 목사님. 그 길로 목사님을 찾아가 신학을 공부하고 싶은 나의 사정을 의논했다.

"예분아, 지금 순천성결교회에서 부흥회를 해. 오늘 오시는 부흥사 목사님에게 방법이 있을지도 모르겠다. 집회 끝나고 목사님을 만나서 사정 얘기를 해 보자."

말씀을 듣고 바로 교회로 뛰어갔다. 당시 순회 부흥사들은 지방을 돌며 복음을 전파했다. 많은 사람이 복음을 갈급하던 시기였다. 교회에 들어서니 사람들이 꽉 들어차 있었다.

그날 집회에 오신 분은 1950년대 부흥강사로 활발히 사역하신 양도천 목사님이셨다. 본능적인 욕구까지 없애며 성결한 믿음을 지키겠다고 결단하며 거세한 목사님으로 유명하다. 이북에서 하나님을 믿고 평양신학교에서 공부하던 그는 해방 후 월남하였고 서울신학교에서 공부했다. 강한 성령체험을 하며 전남 신안에서 목회하다가 신앙의 어머니였던 문준경 전도사님을 잃었다. 그 뒤 음욕을 제거하겠단 의지로 거세하고 다시 한번 강한 성령체험을 하며 부흥사의 길을 걷고 있었다. 과연 뜨겁고 열정적으로 부흥회를 인도하셨다. 기도하면서 나도 모르게 서울로 가는 길이 열릴 거란 믿음이 왔다. 훗날 양도천 목사님의 목회가 잘못된 방향으로 흘러갔음은 안타깝게 생각한다.

부흥 집회가 끝나고 목사님께 상담을 요청하고 기다렸다. 가까이서 뵌 양 목사님은 성령의 공급을 받는 분이라는 게 느껴질 정도로 기운이 흘렀다. 며칠 동안 부흥회를 인도하시며 지칠 만도 한데 기도를 부탁하는 모든 이들에게 기도해주시는 모습이 인상적이었다. 내 차례가 되어 그간 있었던 일과 하나님께 받은 은혜를 솔직하게 말씀드리자 이야기에 감동하신 양 목사님이 우셨다.

"내가 뭘 도와줬으면 좋겠나?"

"어디서 어떻게 공부를 해야 할지 모르겠습니다. 여기선 더 이상 공부할 곳도 마땅치 않고 신학을 하려면 서울로 가야 하는데 지낼 곳이 필요합니다."

"마침 서울에 임마누엘 수도원을 인수했는데 거길 찾아가 보게."

목사님은 쪽지에 주소를 적어 건넸다. 얼마 전 목사님이 인수한 임마누엘 수도원 주소였다. 그곳에서 일단 지내며 후일을 기약하자 하셨다. 언제 수도원으로 오시겠다는 말씀은 없었지만 나는 응답이라고 생각했다. 태인도에서 순천으로 나올 때는 이보다 못하지 않았는가! 그런데 이젠 주소까지 적힌 수도원이라니, 이 정도면 가는 게 맞았다. 겁도 없이 서울로 가려했다. 태어나 한 번도 안 가본 서울을 어떻게 찾아갈 것이며, 가려고 해도 차비가 없었다. 다시 벽 앞에 선 것 같았다. 그런데 처음 순천에 올라와서 만나 뵀던 심오택 장로님 사모님께서 내 사정을 듣고 차비를 구해 주셨다.

"예분아, 너 혼자 어찌 서울까지 잘 갈 수 있겠냐?"

"집사님, 하나님이 지켜주시겠지요."

"넌 좋은 종이 될 거다."

"감사합니다. 집사님 위해 기도하겠습니다."

그 길로 정들었던 순천을 떠나 서울행 완행열차에 몸을 실었다. 그날도 추운 겨울이었다. 오버코트 하나 걸치지 않고 무명 치마저고리에 솜으로 누빈 겉옷 하나 입고 열차 안에서 벌벌 떨며 서울에 도착했다.

기차에서 내려 서울역 광장을 나오는데 딴 세상이 펼쳐졌다. 1955년의 서울은 전쟁의 상처를 재건하는 시기로, 사람도 많고 차도 많았다. 눈앞에서 버스나 차들이 왔다갔다 하는 광경에 어리둥절했다. 어느 방향으로 가야 할지 몰랐다. 바보처럼 우두커니 광장 중앙에 서서 이리저리 둘러보고 있자니 이렇게 있다가는 종일 서 있어도 안 되겠다는 생각이 들었다. 어떻게 하면 좋을까 하는데 시골에서 경찰들이 길을 찾아주던 생각이 떠올랐다. 경찰을 찾아 가자고 생각하며 서울역에서 보이는 남대문 경찰서를 찾아갔다.

"어떻게 오셨어요?"

"네, 이 주소를 찾아가려고 합니다. 그런데 앞뒤 분간을 못하겠어요."

누가 봐도 시골에서 올라왔다는 것을 알 정도로 초라한 나를 본 경찰관이 난로 앞으로 나를 데려갔다. 꽁꽁 얼어붙은 몸을 녹이니 살 것 같았다. 난로 위에서 펄펄 끓는 따끈한 물 한잔도 얻어 마시니 한결 나아졌다.

"서울역 앞에서 1시간에 한 대씩 자문 밖 가는 버스가 있는데 그거 타고 가면 되겠네."

경찰관은 몇 번 버스를 타고 가면 되는지, 어디서 타야 하는지 자세히 알려주었다. 1시간에 한 대씩 다니기에 버스를 놓치면 안 된다며 잘 보고 타라는 말까지 덧붙였다. 처음 발을 딛은 서울의 인심은 경찰관 덕분에 따뜻했다. 버스정류장에서 한참을 기다려 버스를 타고 또 한참을 가다 보니 자문(지금의 자하문) 밖에 버스가 멈춰 섰다. 버스에서 내리니 또 어디로 가야 할지 몰랐다.

지나가는 사람에게 물어물어 마침내 수도원에 도착했다. 저절로 "하나님, 감사합니다!"란 말이 나왔다. 평양에 이어 제2의 예루살렘이라 불린 순천에도 교회와 학교가 번듯했는데, 서울에 있는 수도원은 비교도 안 될 정도로 크고 훌륭했다.

임마누엘 수도원은 독립운동을 주도하신 유재헌 목사님이 설립한 기도원이었다. 그분의 부친은 언더우드와 동역한 초기 신자셨다. 유재헌 목사님은 '사람을 움직이기 전에 하나님을 움직이자 … 전도운동 전에 기도운동을 … 기도하고 회개하고 성신 받고 다음 나가 외치고 다음 건국하자.'를 강령으로 선교와 독립운동으로 하나님 나라가 임할 것을 믿고 선언하며 한국 복음화 운동에 큰일을 하셨다.

임마누엘 수도원은 나라를 위한 기도의 처소로 세운 곳이다. 6·25 전쟁으로 유재헌 목사님이 납북되면서, 양 목사님께서 인수했다. 문제는 양 목사님이 워낙 전국적인 부흥강사로 사역하다 보니 수도원에 관심을 쏟지 못했다. 다행히 유재헌 목사님의 사모님이 그곳에 머물며 일을 돕고 계셨다. 그곳에 초대받지 못한 내가 가게 된 것이다.

"계십니까?"

낯선 여자아이의 목소리에 사모님이 문을 열고 나오셨다. 추운 겨울날 바들바들 떨며 서 있는 나를 보시더니 사정도 듣지 않고 안으로 들이셨다.

"어서 들어오세요. 따신 데 앉아요."

"저는 김예분이라고 합니다. 양도천 목사님 소개받고 찾아왔습니다."

"그래요? 목사님은 여기 안 계시는데…"

"압니다. 실은 제가 주의 종이 되려고 서울에 올라왔는데, 있을 곳이 없어서 목사님께 의논드렸더니 이곳에 와 있으라고 하셔서 찾아왔습니다."

"어머, 학생 혼자 순천서 서울까지 온 거에요?"

사모님은 나를 대견하게 여기시며 고봉밥을 차려주시고 내 이야기를 한참 동안 들어 주셨다. 딱한 사정을 들은 사모님도 일단 수도원에서 지내며 앞길을 생각해보자고 하셨다.

연고 하나 없는 서울 하늘 아래에 편히 누일 잠자리가 생겼다는 안도감에 그날 밤 깊은 감사의 기도를 올려드렸다. 무엇보다 마음껏 기도할 수 있는 곳으로 인도해주셔서 감사했다. 그리고 어떤 길로 인도하실지 기대가 되었다.

"아버지 하나님, 부족한 저를 이곳까지 인도해주시니 무한 감사합니다. 보잘것없는 제게 누울 잠자리를 주시고 일할 곳을 허락해주시니 만족합니다. 앞으로의 생을 아버지께 맡깁니다."

단련의 시간들

　서울에서의 생활은 수도원에서의 삶으로 시작되었다. 관리 감독할 사람 없이 덩그러니 있던 수도원에 불을 지피고 청소를 하고 수도원에 들어오는 이들을 뒷바라지하다 보니 하루가 금방 지나갔다. 수도원에서는 매일 집회가 열렸다. 전쟁 이후 나라가 복구되는 시점이었기에 모두가 나라를 위해 기도했다. 삼각산에 세워진 수도원에서 뜨겁게 기도하는 신앙인들과 만나면서 어린 마음에도 우리가 왜 나라를 위해 기도해야 하는지 저절로 알게 되었다.

　나라의 회복을 위해 금식하며 기도하던 에스더의 기도, 허물어진 성전을 건축하기 위해 기도했던 느헤미야의 기도, 무너진 왕조를 위해 기도하던 많은 구국의 기도 용사들을 말씀을 통해 만나며 배워갔다. 이곳을 세운 유재헌 목사님의 하나님을 향한 헌신을 이해하는 시간이기도 했다. 해방과 전쟁을 겪으며 영적으로나 정치적으로 극심한 혼란과 분열에 빠진 대한민국을 살릴 길은 오직 하나님께 기도하는 길 외에는 없다는 확신 속에 기도의 동지들을 규합하여 구국기도단을 세우고, 수도원을 세워 기도의 불씨를 지펴가시려던 목사님의 마음이 느껴졌다. 그래선지 유 목사님이 지은 구국기도단 선언문은 나에게 나라와 민족을 위해 기도하게 만든 실마리가 되었다.

구국선언문을 읽으며 믿는 자들이 해야 할 것이 먼저 기도요, 그다음이 전도라는 것을 깊이 깨달았다. 안타까운 것은 구국의 기도 햇불을 일으킬 삼각산 임마누엘 수도원이 개원한 지 두 달이 채 되기도 전에 6·25 전쟁이 나고 목사님이 납북된 것이다. 전쟁 이후 수도원으로 모여든 이북의 성도들과 순교를 각오한 목사님을 좋게 보지 않았을 정치보위부의 급습으로 구국의 기도 햇불은 잠시 꺼지는 듯했다. 그러나 하나님은 이곳을 남겨두셨다. 이북으로 끌려간 유 목사님은 순교하신 것 같았다. 그러나 남아 있는 이들은 기도의 등불을 꺼뜨리지 않았다.

보잘것없는 열아홉 소녀는 그 사역의 끝자락이라도 붙들고 있다는 사실에 자부심을 느꼈다. 다만 본래의 목적인 신학 공부를 할 길은 열리지 않았다. 수도원으로 가보라며 주소를 적어준 양 목사님은 오시지 않았다. 내 존재에 대해 까맣게 잊으신 것 같아 속으로 끙끙 앓았다. 이 모습을 보는 사모님은 가슴 아파하셨다.

"예분아, 어쩌냐? 목사님은 얼굴 한번 비추지도 않으시고…"

"그러게요. 그래도 계속 기다려봐야겠죠?"

연락할 방법도 없고 그저 오실 때까지 기다리고 있어야 하는 상황에 갑갑할 때마다 예배당에 엎드려 기도했다. 저를 어떻게 하실 건지 하나님께 묻고 또 물었다. 시간이 흐르면서 수도원을 찾는 많은 성도와 목회자의 뒷바라지를 하는 사감 역할도 익숙해졌다.

"예분아, 목사님 기다리다가는 아무것도 안 되겠다. 이러다가 너 평생 여기 있을지도 몰라"

오히려 사모님께서 나를 안쓰러워하시며 백방으로 알아보셨다. 그러던 어느 날 나를 부르셨다. 피어선대학 성경학교에서 공부해보는 게 어떻겠냐는 제안이었다.

"피어선고등성경학교요?"

"피어선 선교사님이 세우신 학교인데 그 선교사님은 우리나라 복음화에 많은 공을 세우신 분이야. 유재헌 목사님도 관련이 깊은 곳인데, 그 학교의 용재호 목사님을 잘 알고 있어. 목사님께 네 얘길 했더니 길이 있을 것 같대. 거길 졸업하면 신학대학에 들어갈 수 있다니 한번 다녀보겠니?"

거절할 이유가 없었다.

"저, 거기 갈래요. 가서 공부하고 싶어요."

"그래, 주의 종이 되겠다고 서원한 사람인데 어서 갈 길을 찾아야지."

그 길로 사모님을 따라 피어선고등성경학교를 갔다. 1912년, 우리나라에 선교의 불이 지펴지던 시작점에 세워진 피어선고등성경학교는 피어선 목사의 유지를 받들어 언더우드 선교사가 세운 곳이다. 철저한 성경교육 중심의 초교파적인 연합 선교 정신을 반영한 학교였다.

신문로에 위치한 피어선성경학교는 수도원이 있는 삼각산 기슭 세검정에서 걸어가면 1시간 30분 정도 걸렸다. 물론 버스가 있었지만 버스를 타고 다닐 형편이 아니었다. 그저 학교에 다니는 것만으로도 행복했다. 새벽 일찍 일어나 수도원 일을 하고, 아침 일곱 시 조금 넘어 신문로까지 걸어가면 오전 수업 시간에 얼추 맞았다. 오랜만에 학생이 된 기분이 얼마나 새롭던지, 책상에 앉아 공부한다는 사실만으로도 콧노래가 저절로 나왔다. 성경학교였으니 말씀의 연장선상에서 공부했는데, 학교가 교회의 연장이요 공부가 예배의 연장이었다.

공부를 마치면 다시 1시간 30분을 걸어 수도원으로 왔다. 그때부터 워낙 걸어 다녀서인지 지금까지 걷는 건 자신 있다. 그땐 스무 살 처녀가 얼마나 바람처럼 걸어 다녔던지, 동급생들이 내 모습을 보며 우스갯소리를 하곤 했다. 그도 그럴 것이 나는 너무 바빴다. 수도원에서 기거하며 그 대가로 일을 봐주고 있던 터라 맡은 일에 소홀히 할 수 없었다. 맡은 자가 구할 것은 충성이란 말씀을 늘 생각하면서 누가 보거나 보지 않거나 수도원 살림을 했다. 이 때문에 시간에 늘 쫓겨 걷기보다 달리는 게 편했다.

바쁜 시간 속에서 공부하니 말씀이 점점 더 재미있어지고 하나님을 알아가는 기쁨이 깊어졌다. 기적적으로 나를 살려주신 하나님에 대한 체험 신앙으로 시작된 신앙생활에 점점 말씀이 채워졌다. 말씀과 기도의 신앙이 조화롭게 되면서 왜 기독교가 체험의 종교인지, 행함이 있는 믿음이 되어야 하는지 깨달아졌다. 성령께서 깨달음의 영, 지혜의 영을 허락하셨기에 가능한 일이었다. 그러면서 마음속에서 강한 소원이 생겼다. 이미 주의 종이 되겠다고 서원했지만, 하나님은 마음으로부터 일어나는 소원을 통해 정말로 주의 종의 길을 걸어가도록 하신 것이다. 하나님이 부족한 나를 당신의 여종으로 삼기 원하신다는 믿음이 생기면서 더는 앞날에 관한 결정을 미루지 않았다. 어떻게든 종의 길을 걷겠으니, 그 길은 아버지께서 인도해 달라고 밤마다 기도했다. 그렇게 3년 동안 수도원에서 일하며 공부를 마쳤다.

"예분아, 이번에 신학교 시험 칠 거지?"

"쳐야지. 주의 종이 되겠다고 약속했는데 일단 시도는 해봐야지."

학교를 마치고 신학대 시험 원서를 내면서 한편으론 걱정이 되었다. 합격하면 어떻게 공부할지 막막했다. 하지만 이내 마음을 고쳐먹었다. 분명히 하나님께서 말씀하시길 무엇을 먹을까, 무엇을 입을까 염려하지 말라고 하시지 않았는가! 이방인이 구하는 대로 구하지 않고 오직 하나님 자녀로서 주시는 마음과 소원대로 하면 채워주시리라는 믿음으로 나아가자고 결단했다. 이윽고 총회신학교(현 총신대, 구 평양신학대) 시험을 치르고 합격했다. 서울 올라온 지 수년 만에 거둔 열매였다.

만남의 복을
허락하시다

"하나님 아버지, 감사합니다. 감사합니다."

신학대 합격 통지서를 받아들고 감사의 기도를 드렸다. 축하해줄 사람은 없었다. 고향에 계신 부모 형제들은 이 소식을 듣고 어떤 기분일까? 하나님 나라를 모르는 이들은 내가 가는 길에 전혀 관심도 없고 왜 그토록 험한 길을 가려는지 이해가 안된다며 핍박할 게 뻔했다. 하지만 상관없었다. 나의 아버지가 원하시는 길에 좀 더 다가갈 수 있게 되었단 사실을 가장 기뻐하실 분이 하나님 아버지이시기 때문이다.

다만 재정적인 문제가 있었다. 지금까지 공부할 때마다 돕는 손길이 있었지만 대학 공부는 차원이 달랐다. 합격 통지서를 받고 너무 막막해서 수도원에 머물며 기도하다가 삼각산에 올라가 부르짖어 기도했다. 우리나라가 어려운 상황에 있을 때 수많은 기도의 용사들이 산기도를 드렸다. 나무 기둥을 붙잡고 기도하고, 밤새워 기도하며 맹수들과 마주치면서도 기도할 정도로 간절함이 있었다. 나 역시 다르지 않았다. 기댈 곳은 오로지 하나뿐이었다. 삼각산에 올라 밤새 기도하기를 이어가던 어느 날, 부흥회 소식을 들었다.

방병덕 목사님이 시무하시는 충무로장로교회에서 부흥회가 열린다는 소식을 듣고 달려갔다. 방병덕 목사님은 영성 깊은 목회자로 1946년부터 국내외에서 심령부흥성회운동을 하고 60년대부터 평화통일기도운동을 일으킨 분이시다.

그날도 매우 추웠다. 세검정에서 충무로까지 한참을 걸어가다 조금 일찍 교회에 도착했다. 예배당으로 올라가려는데 어떤 할머니가 여자 전도사로 보이는 분의 부축을 받고 나오고 있었다. 한복을 곱게 차려입은 할머니는 금세 쓰러질 것만 같이 얼굴빛이 창백했다. 그런데 문 앞까지 나온 전도사는 할머니를 그대로 두고 쑥 들어가 버리는 것이다. 어린 마음에 금방이라도 넘어질 것 같은 분을 저렇게 놔두면 되나 못마땅한 마음이 들어 할머니 곁으로 다가섰다.

"할머니, 제가 도와 드릴게요."

"휴… 고마워."

할머니는 나를 보시더니 반색하시며 손을 꼭 붙드셨다. 그리곤 당신의 가방을 내게 맡기셨다. 할머니를 부축하며 한 손으로 가방을 들고 계단을 내려오는데 할머니가 균형을 잡지 못하셨다. 부축하지 않으면 큰일 날 정도였다. 한 발 한 발 천천히 내려온 뒤에야 숨을 돌리고 가방을 드리며 말했다.

"할머니, 이제 저는 가보겠습니다."

"학생! 잠깐만 기다려줘."

그분은 잡았던 내 손을 더 꽉 쥐며 기다려달라고 하셨다. 화장실을 가시겠다는 것이다. 가방을 들고 화장실 밖에 서서 할머니를 기다리는데 걱정되었다. 혹시 화장실에서 쓰러지시면 어쩌나 염려되었다.

"할머니, 안에 잘 계시죠?"

"으응…"

몇 번을 확인한 뒤에야 할머니가 나오셨다. 이제야 안심을 하고 그분과 헤어지려는데, 할머니가 내 손을 다시 세게 잡으셨다.

"학생, 나 집에까지만 부축해줘."

"네? 아, 네…"

예배 시간은 다가오는데 야단이 났다. 부흥회에 참석해서 은혜 받고 기도하고 싶은데 할머니의 청을 뿌리치자니 양심이 허락하지 않았다. 할 수 없이 할머니 손을 붙들고 교회 밖으로 나왔다. 몇 걸음 걸으면 힘에 부치시는지 쉬셨고 얼굴빛은 점점 창백해져 갔다. 재촉할 수 없어 최대한 보폭을 맞추고 내게 기대어 걷게 했다. 충무로 앞길 원호청을 지나 사보이 호텔 담을 끼고 가는 시간이 꽤 걸렸다. 조급해하는 내 마음을 아시는지, 할머니는 "다 왔다, 다 왔다."라고 반복하셨다. 조금 더 걷다 보니 한옥이 눈에 들어왔다. 문패에 '대동제약사'라고 쓰여 있었다. 그 집 대문을 열고 들어가시려는 걸 보고 나는 안심했다.

"할머니, 어서 들어가세요. 저는 이만 가보겠습니다."

"학생, 어딜 가? 잠깐 들어왔다 가."

"아, 아니에요. 교회 예배드리러 가야 해요."

"아니야. 잠깐 들어와."

어디서 그런 힘이 생기셨는지 다시 내 손을 잡아끄셨다. 그러더니 집 안에 대고 큰소리로 이렇게 말씀하셨다.

"여기 먹을 것 좀 내와요! 우리 딸 왔어."

순간 내 귀를 의심했다. 멍한 표정으로 할머니를 바라보니, 할머니는 웃으시며 나를 따뜻한 안방으로 데리고 가셨다. 아랫목에 날 앉히곤 손을 붙들며 이러는 게 아닌가.

"학생, 이름이 뭐야?"

"김예분입니다."

"예분아, 오늘부터 너는 내 딸이다. 내가 네 엄마를 할 테니 앞으로 너 하고 싶은 거 있으면 내가 도와줄게."

생면부지의 할머니가 하루아침에 엄마가 되겠다고 하니 꿈인가 생시인가 싶었다. 잠깐의 인연이었지만 자신을 도와 집까지 같이 온 나를 보며, 고운 심성과 믿음을 간파하셨다며 어떻게든 돕고 싶다고 말씀하셨다.

"예분아, 내가 이 집에 시집와서 애를 못 낳고 살았다. 그런데 오늘 하나님이 널 만나게 해 주신 것 같아. 너 이제부터 내 딸 해라. 나는 네 양어머니 할게."

순간 하나님께서 이 분을 내게 보내주셨다고 생각했다. 오도 가도 못할 처지인 나, 대학 등록금이 없어 산에 올라가 울부짖던 불쌍한 나를 위해 보내주신 돕는 손길이란 확신이 들었다. 하나님의 계획은 이처럼 세심하시고 극적이다. 그저 '그날', '그 시간'에 '그 교회'에 가서 도움의 손길을 한번 내밀었을 뿐인데 예상을 뛰어넘는 일이 벌어졌다. 누르고 흔들어 넘치도록 은혜를 주시겠단 약속이 이런 상황이 아닐까 싶었다.

그날, 곽남전 어머니는 나의 지나온 이야기를 들으시며 눈물을 흘리셨다. 저 머나먼 이름도 모를 섬에서 태어나 하나님을 알게 되고 죽음에서 기적적으로 고침을 받은 뒤 갖은 고생을 하며 주의 종으로 첫걸음을 떼기까지의 이야기를 들으시며 기뻐하셨다.

"예분아, 하나님이 널 만나게 하신 뜻이 분명히 있는가 보다. 평생 전처의 자식 사이에서 외롭게 남편을 받들며 살았는데 뒤늦게 양딸을 주셨으니 맘껏 도우라는 의미인 것 같다. 이제부터 네가 공부하고 싶은 것, 하고 싶은 거 다 해라. 외국 유학을 가겠다면 가게 해 줄 것이고… 알았지?"

그날 우리는 어머니와 딸의 인연을 맺었다. 당연히 어머니의 남편이 되시는 대동제약의 김동선 목사님은 아버지가 되었다.

김동선 목사님은 본래 목회자로 마산문창교회를 섬기셨으나 신사참배 문제로 목회를 그만두셨다. 이후 자유당 시절 문교부 사회국장을 하시며 정계에서 활동하셨다. 대동제약사를 운영하며 협동목사로서도 사역하셨다.

하나님이 맺어주시는 인연은 우리의 상상을 초월한다. 어떻게 섬 소녀가 서울에 와서 이런 분들을 만나 후원받을 수 있겠는가. 도저히 상상할 수 없는 일을 하나님은 당연하게 하신다. 우리는 그 섭리 가운데 엎드릴 수밖에 없다.

기도하는 신학생

"예분아, 내가 뭘 해줄까?"

"그간 고향 떠나와 외롭게 살았는데 어머니, 아버지가 되어 주시는 것으로도 감사합니다."

"아니다. 내가 말년에 복이다. 뭘 해주랴?"

"그러시면 하나만 말씀드릴게요. 실은 제가 이번에 총회신학교에 합격했습니다. 그런데 학교 갈 등록금이 없어요."

"아이고, 걱정하지 마라. 등록금도 대주고 외국 공부하러 가겠다면 그것도 해줄게."

곽남전 양어머니는 나와 만난 날부터 필요한 것을 살피며 채워주셨다. 가장 시급한 대학 등록금을 주시고 학교 기숙사까지 들어갈 수 있도록 돌보아 주셨다. 공부할 수 있는 환경이 열린 것만으로도 너무 감사했다. 이런 상황에서 내가 할 일은 그저 하나님을 기쁘게 해드리는 일, 복음을 전하는 것뿐이었다.

마침내 나는 신학대학생이 되었다. 당시 학교는 회현동 산 1번지, 지금의 남산에 있었다. 1950년대 우리나라의 기독교는 외국 선교사들의 복음의 씨앗 덕분에 부흥이 일어나는 시점이었다. 선교사들이 세운 신학교를 통해 신학생들을 배출하면서 한국 복음화 물결을 일으키고 있었다. 1903년 원산부흥운동, 1907년 평양대부흥운동, 1920년대 김익두 부흥운동, 6·25 직후 회개운동으로 영적인 생명력을 지켜주셨다.

총회신학교는 1901년에 개교하여 119년의 역사와 전통을 자랑하는 곳으로, 마포삼열 선교사가 세운 평양신학교가 전신이다. 평양신학교는 구한말 이 땅에 복음이 뿌려질 때 지대한 영향을 미친 마포삼열, 언더우드 등 선교사들이 후학을 양성하여 우리나라 최초의 7인의 목사를 배출한 곳이기도 하다.

"신자가 되라, 학자가 되라, 성자가 되라, 전도자가 되라, 목자가 되라!"

나는 학교의 강령을 읽을 때마다 가슴이 뜨거웠다. 주의 종이 되기까지 먼저 신자가 되고, 학자가 되고, 예수님 닮은 성자가 되어, 전도하는 목회자로 잘 가고 싶었다.

학교에 가니 남자가 대다수였다. 여학생을 신기하게 보는 세상과는 달리 신학교에선 이해해 주는 편이었다. 그런데도 여자가 주의 종이 되기 위해 신학대를 왔다는 것을 신기하게 보았다. 주의 여종은 거의 없던 시절인 데다 교단도 유교적인 성향이 짙었다. 신학과 학생 중에 두 명만 여학생이라 어디를 가든 주목을 받았다. 하지만 내 관심은 오로지 복음 증거였다. 머릿속엔 오직 예수를 어떻게 증거할 것인가에 대한 생각뿐이라 주변의 염려나 관심은 개의치 않았다.

1950년대 한국 교회는 전쟁 이후 교단의 분열을 겪으면서도 부흥하고 있었다. 해방 이전의 통일성을 잃어버렸다는 평가를 받기도 했지만 하나님은 교회를 도구로 사용하셨고 계속 성장시켜 나가셨다. 해방 이후부터 1950년대 중반까지 세례교인이 약 3배 증가했다. 여러 사회의 문제와 분열과 갈등에도 부흥했다.

또한 전쟁 이후 폐허가 된 국토를 재건하자는 민족적 과제와 함께 구국회개운동이 일어났다. 한강 백사장에 모여 말씀이 선포될 때 변화가 나타났다. 1952년에는 미국의 빌리 그레이엄 목사님이 와서 한강에서 집회했고, 이후 1956년에도 집회를 열었다. 몇 만 명이 모이는 대형집회에 나도 참석했다. 수많은 이들이 주 앞에 자신의 죄를 자복하고 회개하는 모습에 도전받으며 나 역시 회개하며 함께 나아갔다. 하나님이 이 민족을 정말 사랑하고 계신다는 것을 가슴 깊이 느낄 수 있었다. 신학생으로 모든 집회를 따라다니며 기도하면서 주의 종으로서 어떤 길을 가야할 지 하나님께 묻고 또 물었다.

날마다 남산을 오르내리며 공부하는 시간이 행복했다. 좋은 양부모님 덕분에 학기마다 등록금을 걱정할 일이 없었다. 그저 공부만 하면 되니 더욱 말씀에 가까이 서게 되었다. 더할 나위 없이 평안한 시간이었다. 물론 마음 아픈 일도 있었다. 한국 교회의 현실을 고스란히 담아낸 학교의 분열을 바라보는 것도 힘들었고, 학교 교사가 옮겨지는 과정도 아프게 바라봐야 했다.

"그 소식 들었습니까? 여기가 헐린답니다."

"뭐? 여기가 왜? 옛날 조선 신궁 자리라는데 왜 헐립니까?"

"학교가 다른 곳으로 가고 이승만 동상을 세운다는 말이 있습니다."

"말도 안 됩니다."

그런데 정말 말이 되지 않는 일이 벌어졌다. 알아보니 학교가 사당동으로 이사하고 이 자리에 국가 기관과 함께 동상이 들어선다는 것이다. 설상가상으로 학교는 큰 문제와 맞닥뜨렸다. 정부에 매각해 교사를 짓고자 했던 돈 3천만 환을 사기당하면서 분쟁과 분열 위기에 처했다. 나라와 학교의 어수선한 상황, 교계의 분열까지 바람 앞의 등불처럼 어려운 환경이었다. 신학생들은 하나님 말씀을 배우는 곳을 허물고 사리사욕을 채우는 이들을 보면서 엎드려 기도했다. 우리가 할 수 있는 일은 기도밖에 없었다. 학교의 분열을 눈앞에 두고 기도하는 심정은 처절했다. 풋내기 신학생에 불과했지만 하나님께 너무 죄송하고 부끄러웠다.

"하나님 아버지, 어떤 게 옳은 것인지 모르겠습니다. 그저 예

총신대 졸업 사진

수만 전할 수 있게 도와주옵소서. 어떤 상황에서도 하나님만
믿고 전할 수 있게 길을 열어주소서."

　가난하지만 순수하게 복음의 열정을 품은 신학생의 기도였
다. 하나님은 그 눈물의 기도를 지나치지 않으셨고 더욱 믿음
의 열정을 타오르게 하셨다.

그들이 조반 먹은 후에 예수께서 시몬 베드로에게 이르시되
요한의 아들 시몬아 네가 이 사람들보다 나를 더 사랑하느냐 하시니
이르되 주님 그러하나이다 내가 주님을 사랑하는 줄 주님께서 아시나이다
이르시되 내 어린 양을 먹이라 하시고
또 두 번째 이르시되 요한의 아들 시몬아 네가 나를 사랑하느냐 하시니
이르되 주님 그러하나이다 내가 주님을 사랑하는 줄 주님께서 아시나이다
이르시되 내 양을 치라 하시고
세 번째 이르시되 요한의 아들 시몬아 네가 나를 사랑하느냐 하시니
주께서 세 번째 네가 나를 사랑하느냐 하시므로 베드로가 근심하여 이르되
주님 모든 것을 아시오매 내가 주님을 사랑하는 줄을 주님께서 아시나이다
예수께서 이르시되 내 양을 먹이라
요 21:15-17

The Mission

종에게
주신 사명

한국 복음화의
물결 속에서

　신학생이 된 후 하루하루가 새로웠다. 든든한 양부모님의 기도와 돌봄 덕에 나는 그저 말씀과 기도 앞에 가까이 가기만 하면 되었다. 대학생이 되었어도 나는 여전히 무명저고리 차림이었다. 외모에 관심이 전혀 없고 그저 복음에만 열정이 있었기에 가끔 주변에서 짓궂은 말을 하면 단호하게 대답했다.

　"나는 예수님만 있으면 됩니다."

　학교가 사당동으로 이전하며 새롭게 교사를 짓는 동안 용산에 있는 학교에서 신구약을 공부했다. 말씀은 달고도 오묘했다. 신구약을 관통하는 하나님의 은혜와 진리가 날마다 새롭게 다가왔다. 선지자들을 통해 역사하신 은혜는 이루 말할 수 없는 감격이었다.

나머지 시간은 기도하는 데에 쏟았다. 신학생들과 만나며 교제하다 보니 하나님은 각 사람의 은사대로 사명을 허락하신 듯했다. 서로가 서로에게 자극이 되어 기도에 매진했다. 주로 산기도를 다녔다. 당시 신학생들에게 산기도는 일상이었다. 삼각산을 자주 다녔다. 삼각산은 기독교 민족지도자들이 조국의 해방을 위해 눈물의 기도를 드린 곳이다. 6·25 전쟁 때는 나라를 위해 기도드린 기도의 요람이요, 부흥의 요람이다. 한국의 부흥을 이야기할 때 새벽기도와 함께 산기도를 꼽는다. 산기도는 척박한 환경에서 하나님과 일대일로 만나며 절박한 심정으로 부르짖는 기도였다.

나의 부족함을 인정하고 무능함을 토하는 기도 가운데 하나님은 나를 만나 주시며 주의 종으로서의 길에 확신을 주셨다. 말씀을 공부하고 기도하고 복음을 전하는 일에 힘을 쏟았다. 전후 복구에 온 나라가 정신을 쏟을 즈음 한국 교회의 부흥도 함께 일어났다. 한국의 부흥 운동은 철저한 회개와 함께 시작되었다. 1950년대를 보내면서 회개보다는 전후 복구라는 사회적 흐름에 영향을 받아선지 성장에 집중하는 것 같았다. 뭔지 모르겠지만 교회 안에서 하나로 가고 있다는 느낌이 예전보다 덜하다는 마음이 들 때마다 내가 할 수 있는 건 더욱 복음 앞으로 나아가는 것뿐이었다.

당시 대형집회가 많았다. 한국의 성도들은 부흥의 메시지를 원하며 절망뿐인 사회에서 절대 희망을 전해주는 복음을 듣기 소원했다. 수만의 성도들이 집회에 참석해 말씀으로 변화 받았고 헌신했다. 집회를 인도하는 분 중에는 서울에 처음 올라왔을 때부터 인연을 맺은 분들이 계셨고 양아버지를 통해서도 알게 되었던 터라, 집회가 열릴 때면 적극적으로 도왔다. 가난한 신학생이 무슨 힘이 있을까마는 가난해도 주변에서 도와주는 분이 많아서 그분들을 연결해드릴 수 있었다. 대부분 재정적인 도움이었다. 양부모님이 재력이 있으시고 양부모님 주변에 계신 분들도 교계 지도자나 재계에 계시는 분들이라 어려운 일이 있을 때면 기도 중에 마땅한 분이 생각났다. 기도하며 부탁을 드리면 흔쾌히 헌신하시곤 했기에 도움을 드릴 수 있었다.

특히 양부모님께서 주의 종으로서 헌신을 경험하도록 하셨는데, 어려움 가운데에서 받은 사례비는 모두 전도집회에 드렸다. 하나님께서 은혜로 허락하신 물질을 나를 위해 쓸 수 없었다. 오늘날 내가 있게 된 것은 전적인 그분의 은혜이며 이미 다시 살아난 나는 더 이상 내가 아니란 마음으로 살았기에 가능한 일이다. 이런 까닭에 언제부터인지 주의 종들 사이에서 나에 대한 기대가 커졌다. 집회를 계획할 때 재정이 어려우면 의논을 해왔다.

"목사님, 기도해보겠습니다. 하나님이 방법을 주시겠지요."

부탁을 받으면 무조건 기도원이나 산으로 올라가 기도했다. 사람을 의지하는 건 세상이 하는 방법이요, 우리는 전능하신 하나님을 의지해야 하기에 밤새도록 산이나 기도원으로 가 기도했다. 기도하면 기도 중에 누군가 얼굴이 떠오르기도 했고 직접 음성을 주시기도 했다. 응답이 오면 지체 없이 내려가 그분을 찾아갔다. 마치 준비하셨다는 듯 재정이 해결되었다.

당시 나는 관악산 까마귀로 불렸다. 당시 삼각산뿐 아니라 관악산 기도원도 자주 갔는데, 엘리야에게 하나님께서 까마귀를 보내어 먹을 것을 허락하셨던 것을 비유해 관악산 까마귀로 부른 것이다. 물론 내가 한 것은 하나도 없었다. 하나님이 나를 통해서 하신 것이다. 보잘것없는 나를 사용하시는 하나님의 은혜에 감사한 나날이었다.

더욱 감사한 것은 모두의 기도가 합해져 집회할 때마다 넘치는 은혜로 변화가 일어났다는 것이다. 예수를 모르던 이들이 하나님의 자녀가 되겠다고 고백했고, 과거의 자신을 청산하고 새롭게 되겠다고 결단하는 영혼의 변화를 지켜보는 것으로 그간의 수고를 잊었다. 지금도 수십 년 전 그때를 떠올릴 때마다 감사가 넘친다. 순수한 마음으로 복음에 투신했던 젊은 날 김예분이 신학생의 신분으로 부흥 한국 절정의 시기에 돕는 손길로 참여하게 하신 하나님께 감사하다.

천막 교회의
예비 전도사

"예분아, 오늘 집에 좀 온나."

하루는 양아버지가 부르셨다. 충무로 대동제약사는 여전히 분주했다. 당시 서울 시내 제약사가 꽤 있었는데 대동제약사는 인지도가 있던 곳으로 신문 광고를 낼 정도였다. 문을 열고 들어가니 약품 냄새가 진동했다. 사무실을 지나 집으로 들어가니 어머니가 반가히 맞아주셨다. 어머니는 뒤늦게 얻은 귀한 딸이라며 내가 가면 무척 좋아하셨다. 아버지도 귀하게 여겨주셨다.

"아버지 건강하게 잘 지내셨지요?"

"그래, 학교 다니는 건 어떠냐?"

"덕분에 잘 다니고 있습니다. 기숙사에서도 잘 지내고 있고요.”

“그래, 그래. 잘됐다.”

따뜻한 밥상을 받아본 일이 거의 없던 나로서는 충무로 집에 갈 때마다 칙사 대접을 받는 듯했다. 정성껏 차려주신 밥을 먹고 나니 두 분이 나를 앉혀놓고 말씀하셨다.

“예분아, 교회 하나를 맡아봐라.”

“네? 교회를 맡으라고요? 아버지, 저 지금 신학생입니다.”

“내가 그거 모르겠냐. 신학생은 예비 주의 종이잖냐? 교회에서 목회를 돕는다고 문제 될 게 없다.”

아버지는 찬찬히 설명을 이어가셨다. 양아버지 김동선 목사님은 대동제약사 일과 함께 승동교회 협동목사로 사역하고 계셨다. 승동교회는 1893년 사무엘 무어 선교사에 의해 시작된 교회로, 민족운동 대표들이 3·1운동을 계획하며 실제적인 독립 만세 운동이 시작된 곳이다. 아버지는 협동목회를 하시면서 서울 시내에 교회가 세워지는 것에 관심을 두고 도우려 애쓰셨다. 물론 그 가운데 교회가 분열되는 가슴 아픈 일도 있었지만 그마저도 감당해야 할 몫이라고 생각했다. 아버지는 승동교회 김인득 장로님과 윤현의 권사님이 교회 건축에 헌신하신 이야기를 하시며 내가 가서 돕기를 원하셨다.

“영등포 신길동에 교회가 세워지긴 했는데 처음이라 문제가 많다.”

아버지가 말씀하신 곳은 대길교회였다. 척박한 땅 신길동은 매우 어수선했다. 전후의 상처로 만신창이가 된 곳, 판잣집이 드문드문 무질서하게 있고 집 없는 곳은 호박 덩굴로 뒤덮여 있었다. 번듯한 건물은 군인이 거주하는 곳뿐이었다. 교회 앞쪽에 공군본부, 뒤쪽에 해군본부, 대방동 쪽 건너편에 미군 부대가 있었다. 이미 이곳에 1946년에 세워진 대방교회가 있었는데, 건너편 신길동에도 교회가 세워지길 소망했던 여신자들이 있었다. 마음은 있으나 교회 세울 방법을 알지 못하던 참에 하나님께서 승동교회 김인득, 윤현의 부부를 만나게 하신 것이다. 신앙심이 좋았던 부부는 교회 짓는 일에 돕기를 자청하여 땅을 매입했고 미군 부대에서 24인용 천막 1개를 사서 예배 처소를 마련하였다. 그것이 1956년 대길교회의 시작이다.

"우리 승동교회에서 전도목사를 파송했는데 아무래도 일을 도울 사람이 필요하다. 예분이 네가 가서 좀 도와라."

"네, 돕겠습니다."

그 길로 대길교회로 향했다. 대방동과 신길동 사이에 있는 대길교회는 아버지 말씀대로 천막 하나로 만들어진 교회였다. 손으로 직접 쓴 '대길교회'란 팻말이 형편없었다. 그래도 복음을 전하겠다고 성도들이 세운 하나님의 집이라는 생각에 감사했다. 하나님은 이곳에서 복음을 전하고자 하는 사람들을 만나게 하시고 도움의 손길을 붙여주셔서 성전을 세워가셨다. 처음에 승동교회의 전성물 목사를 파송하여 교회를 시작했고 이후 다른 교회에 다니던 몇몇 교인들이 합세하면서 이북 피난민 출신 장인호 장로님 부부도 합류했다. 그러나 부흥이 되지 않았다. 겨우 2년이 지난 1959년, 50여 명의 성도가 모였는데 예상치 못한 일이 발생했다.

사라호 태풍이 전국을 강타했다. 지금껏 그런 자연 재해는 처음이었다. 사나운 태풍 앞에서 할 수 있는 일이 없었다. 서울 시내는 쑥대밭이 되었다. 대길교회 천막도 무너졌다. 더 큰 어려움이 있었다. 교회가 분열하기 시작한 것이다. 교회의 분열을 보는 일은 괴로운 일이었다. 신학생으로서 교회를 돕고자 찾아갔건만 교회는 사분오열 되기 일보 직전이었다. 아무 힘도 없는 나는 그저 교회가 나뉘는 것을 보고 있어야만 했다. 이 소식을 들은 양부모님과 교회 세우는 일을 도운 김인득 장로님 부부도 안타까움을 금치 못했다. 태풍에 쓰러진 대길교회에 남아 있는 자들은 몇 되지 않았다. 기존에 사역하던 목회자가 성도들을 데리고 다른 교회를 세우면서 대길교회의 교역자는 나 뿐이었다.

"하나님 아버지, 제가 뭘 할 수 있겠습니까. 저는 아무 힘도 없습니다."

두려운 마음에 기도만 하면서 교회를 지켰다. 나를 이곳에 보낸 양부모님도 마음이 얼마나 쓰였을까. 이제 갓 스물을 넘긴 처녀를 신길동 무허가 판자촌에 지내게 하려니 마음이 좋지 않으셨을 것이다. 교회 앞에 지낼만한 판잣집 하나를 구해 주셔서 그곳에서 교회를 돌보며 공부하도록 보살피셨다. 판잣

집은 문만 열면 바로 바깥 길이었다. 낮이고 밤이고 돌아다니는 사람들의 소리가 다 들렸다. 특히 신길동은 판자촌인 데다 부랑자나 깡패가 많았다. 집에 있다 보면 깡패들의 고성방가가 고스란히 들려왔다. 수틀린 사람들이 문짝을 걷어차기라도 하면 문짝이 떨어져 나갔다. 위험천만한 일이 벌어지기도 했다.

"예분아, 지내는 곳이 영 형편없지?"

"아닙니다. 어머니 괜찮습니다. 지낼만합니다."

"뭣이 지낼만하겠냐. 집이라고 해야 문 열면 바로 한데인데…."

노령의 어머니는 어린 딸이 험하게 지낼까 봐 걱정이셨다. 그런데 나는 그게 그리 큰 문제가 아니었다. 김인득 장로님 부부의 헌신으로 교회를 다시 짓기로 하면서 교회 터에 앉아 기도하는 게 일이었기에 집에 들어갈 일이 별로 없었다.

얼마 뒤 어머니께서 기어코 판잣집까지 찾아와 살피셨다. 물심양면으로 함께 기도하며 부족한 것이 있으면 즉각 채워주시곤 했다. 그런데 집을 들여다보시더니 금세 표정이 어두워지시며 함께 장을 다녀오자 했다.

"시장은 왜요?"

"글쎄 살 게 있다."

시장을 가서 갑자기 신발을 종류별로 사셨다. 그리고는 대문 앞에 죽 늘어놓는 것이다.

"어머니, 신발이 왜 이렇게 많습니까?"

"이렇게 남자 신발이랑 애들 신발을 늘어놔야 사람들이 무시하지 않지."

어머니의 마음과 지혜에 감사하여 웃었다. 정말로 그날 이후 사택 문을 걷어차는 사람이 없었던 것 같다. 신발의 위력이었다기보다 그만큼 나를 생각하신 어머니의 기도 덕분이었을 것이다.

가마니 위의
기도자

"김 전도사, 대단해. 시골서 올라와서 신학생으로 교회 사역
까지 맡다니…."

그리고 뒤에 '여자가…' 라는 말이 생략되었다는 걸 잘 안다.
지금은 남녀평등시대라 해서 '여자가' 혹은 '남자가' 하는 말은
잘 쓰지 않지만 그때는 말끝마다 '여자가'라는 말을 많이 했다.
신학을 공부하면서도 성차별은 곳곳에서 느꼈다. 여자는 목사
안수를 받지 못한다는 교단의 헌법만 봐도 차별의 뿌리는 깊
다. 그나마 나는 서울에 올라와 피어선성경학교를 다니고 신학
대를 왔기에 서울 출신의 목회자로 봐주었다. 지방에서 목회하
다가 서울에 왔거나 지방에서 신학을 공부하고 서울에 올라왔
을 경우 텃새가 심했다. 서울에 연고가 없을 땐 강단에 설 기회

조차 주지 않았다. 이런 상황에서 서울에 개척교회 일을 돕게 되었으니 동기생들은 내가 좋아 보였던 것 같다.

하지만 정작 나로서는 고민이 많았다. 그동안 몇몇 교역자가 왔지만 형편이 여의치 않아 금방 떠났다. 그나마 나를 비롯한 1961년 부임한 이범구 목사와 몇몇 성도뿐이었다. 그래도 다행히 김인득 장로님과 아버지 목사님의 도움으로 대길교회는 예배당을 짓기 시작했다. 57평 벽돌 건물이 지어지는 동안 교인들은 눈물로 기도했다. 드디어 1961년 12월, 건물이 세워졌다. 지붕은 양철이고 바닥은 가마니였다. 나로서는 대길교회가 첫 번째 임지인 만큼 죽을 각오로 사역하겠다고 마음먹었다. 가마니 바닥에 도마 의자 10개가 놓인 누추한 예배당에는 교인이 없었다. 햇수로 5년이 되었지만 성장이 멈췄다. 하나님 아버지께 매달릴 수밖에 없었다.

"아버지 하나님, 평생 주의 종으로서 기도하는 사람이 되겠습니다. 비가 오나 눈이 오나 주의 전에서 날마다 기도하는 종이 되겠습니다."

그날로 내 집은 예배당이었다. 그것은 팔십이 지난 지금까지 계속되고 있다. 예나 지금이나 추운 겨울에 하나님이 일하게 하시는지, 대길교회 가마니 위에서의 기도도 겨울부터 시작되었다. 어느 정도 교회의 틀이 잡혔을 때가 거의 겨울로 접어드는 때였으니 그때부터 가마니 위에서의 기도도 시작되었다. 양철 지붕이다 보니 위에서 붙어오는 한기에 온몸을 오그라들었다. 또한 흙바닥 위에서 올라오는 한기는 오금을 저리게 하기에 충분했다. 제대로 된 옷도 없어 그저 가마니 위에 무릎을 꿇고 가마니를 뒤집어쓴 채 기대는 게 전부였다.

교회를 세워가는 과정은 너무 힘들었다. 네 번째 교역자이자 두 번째 담임목사로 오신 이범구 목사님마저 이듬해에 떠나면서 교회에 나만 남게 되었다. 갈수록 상황은 어려워졌다. 밤이 새도록 가마니 위에서 기도하고 난 뒤 새벽이 되면 새벽 예배를 드려야 하는데 목회자가 없으니 문제가 심각했다. 당시 여자 목회자는 강대상에 서지 못해 이러지도 저러지도 못했다.

"김 전도사님, 그냥 새벽예배라도 전도사님이 인도하십시오."

"그래도 교단의 법이 그런데 어떻게 제가…"

"그게 뭐 중요합니까. 아무리 교인이 적어도 예배는 드려야 하잖아요. 그냥 전도사님이 새벽 기도를 인도해주세요."

다른 방도가 없어 교인들의 요구에 따라 새벽예배를 인도했다. 밤새 기도하며 말씀을 준비하고, 함께 가마니 위에 앉아 눈물을 뿌려 교회의 재건을 위해 기도했다. 사실 교회의 시작이 평신도들의 기도와 헌신인 만큼 성도들의 기도가 바탕이 되어야 한다는 마음으로 교회에 남은 성도들을 다독이고 함께 기도했다. 담임 목회자가 부재한 가운데 나 혼자 남았으니 교회가 잘 세워지도록 돕는 일이 나의 몫이란 생각에 백방으로 인맥을 동원해 교회를 맡아줄 분들을 알아보았다. 다행히 얼마 뒤 신학생인 박충웅 전도사를 교역자로 모실 수 있었다. 나와는 친분이 있어 수요예배 설교를 부탁했다. 하지만 주일 설교가 걱정이었다. 생각 끝에 주일 설교는 임시로 양아버지께 부탁했다.

"아버지, 주일 설교만 좀 도와주세요."

"그래, 그러마."

나를 이곳에 보내시며 교회에 대한 애정도 있으셨기에 주일 설교를 맡으셨다. 당시 아버지는 회사를 운영하시면서 김인득 장로님의 회사에서 직장예배를 인도하고 계셨다. 일정이 어려울 때는 승동교회의 다른 목회자를 초청하기도 했다. 하나님은 어린 여종의 눈물의 기도를 외면하지 않으셨다. 성도가 하나둘 늘기 시작한 것이다. 대길교회의 처음부터 함께 하신 권사님이 세 분 계셨는데, 이런 말씀을 자주 하셨다.

"아이고. 처녀가 모래밭에서 기도하며 울어 싸니 교회가 왕성해지네요."

우는 기도로 교회가 부흥한다면 평생이라도 울 수 있겠다 싶었다. 수요예배 설교를 맡아주던 박충웅 전도사와는 사이가 좋았고 의견도 잘 맞아 두 손을 맞잡고 교회 성장에 앞장설 수 있었다. 아무래도 신학생답게 패기가 넘쳤고 주의 종으로서의 헌신이 뜨겁던 시기라 그랬을 것이다. 밤새 기도하고 아침 예배를 마치면 주변을 다니며 전도했다.

"예수 믿으세요. 예수 믿고 구원받으세요."

태인도에서 했던 것처럼 때론 북도 치고 소리를 높여 예수를 전했다. 한국의 교인이 기하급수적으로 늘었지만 아직도 예수의 이름을 모르는 이들이 많았다. 게다가 여자가 소리 높여 예수를 전하니 곱지 않은 시선으로 보기도 했다. 대놓고 눈을 흘기는 건 기본이고 쯧쯧 혀 차는 소리를 하며 예수쟁이라 욕하기도 했다. 하지만 복음이 전파되는 곳엔 사단의 방해가 있기 마련이니 신경 쓰지 않았다. 오히려 그러는 이들에게 더욱 예수를 전했다.

당시 서울에 판자촌이 생기면서 사람들이 모여들었다. 산아제한이나 가족계획이 없어서 집마다 아이들이 많았다. 교육이 제대로 이루어지는 것도 아니고 먹고사는 일도 힘들었기에 아이들 대부분은 방치되었다. 그 아이들을 복음으로 인도해야 했다. 그러다 보니 주일학교를 만들었고 점점 조직을 세워갈 수 있었다. 교회의 성장은 주일학교의 성장과 연관이 있다. 대길교회 역시 아이들이 늘면서 부흥해 갔다.

하나님께서 처음으로 보내신 임지, 대길교회는 나의 첫사랑이다. 아무것도 모르는 신학생으로서 가게 하신 임지에서 나는 가마니 위에서 가마니를 뒤집어쓰고 기도했다. 하나님은 눈물의 기도로 그곳을 품게 하셨다. 그것이 내겐 그 어느 것에 비할 바 없는 귀한 첫 경험이 되었다.

대길교회에서의 사역

"김 전도사, 서울에 사역지가 나면 소개 좀 해줘."

"박 목사님, 왜요? 지금 대구에서 잘 하고 계시잖아요."

"그렇지. 그런데 전도사도 알다시피 우리 애들 교육 문제가 있다 보니 대구보다는 서울로 옮기는 게 나을 듯싶어."

당시 순회 부흥사인 박용묵 목사님은 나와 인연이 깊었다. 신학생으로서 여러 집회를 돕고 헌신하다 보니 여러 목회자를 알게 되었다. 당시 박용묵 목사님은 유명한 부흥강사셨다. 쓰러져가는 대구 동신교회를 부흥시켜 안정된 목회를 하시고 전국을 다니며 부흥 집회를 인도하셨다. 서울에 집회 차 올라오시면 내게 연락을 하셨다. 워낙 훌륭한 성품에 영적인 능력이 깊은 분이라 존경하는 마음이 깊었다. 집회를 준비하거나 정리

할 때면 개인적인 이야기도 나누었는데 서울로 임지를 옮기고 싶은 이야기도 하게 되었다. 하지만 대길교회는 교인이 몇 되지 않아 말씀조차 드리지 못했다. 그런데 언제부턴가 박 목사님을 모시면 어떨까 하는 마음이 들었다. 열 명 안팎에 불과했던 성도가 조금씩 늘면서 나와 박충웅 전도사는 이러한 열기에 불을 붙여야 한다는 것을 깨달았다. 그 물꼬는 부흥회로 터야 했다. 어떤 분을 부흥강사로 모실까 생각하던 중 박용묵 목사님을 추천했다.

"박용묵 목사님을 부흥강사로 모셔 전도의 불을 붙여 봅시다. 그래야 교회가 클 수 있습니다."

다행히 교인들도 박 목사님을 알고 있어서 쉽게 목사님을 모실 수 있었다.

"목사님, 어서 오십시오. 지금 대길교회가 많이 연약합니다만 이번 부흥 집회를 통해 부흥이 불일듯 일어날 것을 믿습니다."

"김 전도사, 고마워. 하나님 은혜를 기대해봅시다."

1963년 6월, 대길교회가 세워진 지 7년 만에 처음으로 부흥회를 했다. 과연 박용묵 목사님은 1만 구령의 꿈을 갖고 계신 만큼 전도에 대한 열정을 불어넣어 주셨다. 철저히 말씀에 따라 복음을 증거하셨다. 가마니 위에서 드리는 예배였지만 교인들의 가슴에 뜨거운 성령이 임했고 신앙의 열정이 피어났다. 놀라운 변화였다. 특히 담임목사님을 모셔야 한다는 데에 필요성을 느꼈다. 마음속으로 이미 박용묵 목사님을 모실 생각이었지만 하나님의 뜻을 물어야 했다. 과연 기도 중에 마음의 평안함이 임했다. 이심전심이었을까, 박충웅 전도사도 같은 마음이었다. 우리는 교인들에게 박 목사님을 적극 추천을 했다. 거부하는 교인이 없었다.

문제는 목사님께서 제안을 받아들이실지가 관건이었다. 서울로 임지를 옮기고 싶어 하셨지만 자녀만 일곱으로 아홉 식구가 대길교회로 와서 생활하실 수 있으실지 고민되었다. 당시 전도사님 사례비는 거의 없고 목사님 사례는 월 7천 원이었기 때문이다. 교회 사정을 뻔히 알고 있고, 목사님 사정도 알고 있었기에 많이 고민되었다. 하지만 사람이 할 고민은 아니라는 생각이 들었다. 하나님이 하실 일이기에 청빙 소식을 전했다.

"박 목사님, 우리 교회로 오십시오."

목사님은 당신이 하나님께 약속한 부분이 있었던 터라 기도하시며 열악한 조건에도 불구하고 청빙을 수락하셨다. 젊은 시절부터 주의 종으로 연약한 교회를 찾아다니며 일으키겠다고 서원했던 목사님은 한반도 전역을 복음의 대상으로 여겼기에, 자유롭게 부흥회를 다니는 것을 조건으로 청빙을 수락하셨다. 함께 일할 전도사로 책임이 더욱 커졌지만 말씀에 깊은 영성이 있고 영혼 구령에 열정적인 목사님을 향한 신뢰가 컸기에 나 역시 감사하며 동역했다.

"전도사님, 목사님이 가족과 오시려면 그래도 사택이 제대로

박용묵 목사님이 이끈 대길교회 심령부흥회

갖춰야 할 것 같습니다. 이경선 집사가 목수이니 그분을 중심
으로 지어볼까 합니다."

"그거 좋은 생각입니다. 목사님 가족이 아홉 명이니 그래도
방 두세 개는 있어야 할 것 같습니다."

"그렇죠. 어떻게든 해봐야죠."

그해 여름 우리 교회 교인 열여섯 명은 사택 짓는데 매달렸
다. 제대로 된 예산도 실력 있는 인부도 없었지만 기도하는 마
음으로 지었다. 집이 완성되고 박 목사님 가족이 서울로 올라오
셨다. 제대로 된 사택이 아니라 송구스러운 마음이 컸다. 한창
크는 아이 일곱을 데리고 서울로 오셨을 때는 큰 결단과 기대도
있으셨을 텐데 교회도 사정이 난감하였으니 말이다.

"목사님, 송구합니다."

"아니야, 김 전도사. 하나님 일을 한다는 게 어찌 좋은 길만 걷겠어. 우리, 이 교회를 잘 일으켜봅시다. 김 전도사가 많이 도와줘요."

목사님의 인품에 다시금 고개가 숙여졌다. 나야 혼자 몸이라 괜찮았지만 가족을 거느리는 가장으로서 열악한 상황을 받아들이는 일이 쉽지 않으셨을 것이다. 주의 종으로서 사명을 우선하시는 영적인 스승을 모셨다는 감사가 나왔다. 그저 내가 할 수 있는 일은 교회를 돕는 사역자로서 목사를 섬기고 교인들을 잘 섬기는 것, 끝까지 기도하는 것뿐이란 생각으로 사역했다. 목사님과 나는 한마음으로 교회 부흥을 위해 기도했다. 성도의 가정을 심방할 때면 주변을 다니며 적극적으로 복음을 전했다.

"대길교회 전도삽니다. 예수 믿고 구원받으세요. 인생이 달라집니다."

내부적으로 해야 할 일도 많았다. 주일학교부터 학생회, 전도회 조직 등 교회를 튼튼하게 양육하는 체계를 만들며 성도를 관리했다. 한 영혼을 목숨처럼 중히 여겼던 예수님의 마음을 닮아 한 영혼 한 영혼을 위해 밤이 새도록 기도했다.

당시 사택은 일자 구조였다. 내 방과 목사님 가족이 쓰는 방 두 개가 일자로 연결되어 있었다. 아홉 식구가 방 두 개에서 지내는 건 말도 안 되는 일이었지만 어찌할 도리가 없었다. 다행히 내 방이 거의 비어 있었던 터라 목사님 자녀들에겐 다행이었다.

"상은아, 상진아, 내 방에 와서 있어라."

목사님에게는 쌍둥이 막내아들 둘이 있었다. 아직 학교도 진학하지 않은 어린 형제는 내 방에서 거의 살다시피 했다. 지금은 장성하여 신학대 교수와 병원 원장이 되어 머문 곳에서 복음을 전하고 있다. 그들을 보면 코흘리개 어린 시절부터 봐 오던 사람으로서 얼마나 뿌듯한지 모른다.

목사님은 부임하신 지 얼마 뒤 교회 건축에 대한 소망을 품고 내게 의논해 오셨다.

"김 전도사, 교회를 제대로 세워야겠어요. 겉만 세워놓고 안에는 아무것도 안 되어 마음이 아파요. 제대로 교회를 지읍시다."

너무 기뻤다. 가마니 위에 앉아 기도했던 시간이 2년이었다. 양철 지붕에 비가 줄줄 새고 곰팡이와 거미줄이 즐비했던 성전을 새로 세우겠단 말에 공감하며 성도들을 설득해나갔다. 당시 주일 헌금이 한 달에 7천 원 정도로 교회 건축은 불가능한 일었다. 그러나 기적의 하나님은 숫자에 연연하지 않으시리라는 믿음이 있었다. 처음에 성도들은 교회 건축에 자신 없어 했지만 기도로 밀어붙였다. 나를 통해 김인득 장로님과 만나 그분께 다시금 헌신을 약속받았다. 우리 쪽에서 먼저 결단하고 헌신하면 나머지 비용은 장로님 측에서 부담하겠다고 하셨다.

"김 전도사, 건축 헌신 예배를 준비합시다."

"알겠습니다."

그 길로 박 목사님은 제직과 성도들 60여 명을 모아 건축헌금 헌신을 부탁해 40만 원을 모았다. 여기에는 과부의 두 렙돈이 있었다. 밀가루죽을 쑤어 먹더라도 사례비는 하나님께로 가야 한다는 나의 일념도 있었다.

마침내 대길교회는 총건평 150평 예배당과 사택 두 칸을 증축했다. 도로와 계단 공사도 완전히 마무리할 수 있었다. 주일학교, 학생회, 여전도회 등 웬만한 조직과 체계를 잡았다. 무엇보다 부흥 일로에 놓여 있었다. 주일이면 새로운 성도가 왔다. 가마니 위에서 눈물 뿌려 부흥을 위해 드렸던 기도가 열매를 맺기 시작했다.

"하나님 아버지, 대길교회를 살려주옵소서. 지금은 비록 가마니 위에서 기도하지만 주여, 지금 눈앞에 보이는 이 넓은 땅, 이 산지를 대길교회에게 주옵소서. 갈렙이 이 산지를 주옵소서라고 기도했던 것처럼 이 땅을 위해 기도합니다."

매일 밤부터 새벽까지 나도 모르게 드렸던 기도, 얼토당토 않게 꿈만 컸던 입술의 고백이었지만 대길교회를 향한 젊은 전도사의 눈물의 기도는 모두 응답되었다. 부족하지만 마음을 다해 눈물로 기도한 여종의 기도를 하나님께서 들어주셨다. 60년이 넘은 대길교회는 그때 기도했던 부지를 모두 얻어 아름다운 교회로 성장하고 있다.

어디로 갈까요?

대길교회에서의 사역은 전도사로서 가야 할 길을 확실히 알게 해 주었다. 오직 사역은 하나님의 이끄심대로 그분의 계획대로 하는 것이다. 사람을 보고 일하는 게 아니다. 하늘의 뜻을 보고 가는 것이기에 엎드려 기도하는 것 외에는 방법이 없다. 목회자가 지녀야 할 능력은 기도와 말씀, 성도 양육이기에 무조건 기도하고, 말씀 보고, 사랑해야 한다는 것을 알았다.

감사한 것은 첫 임지에 있을 때부터 말씀을 전할 기회가 많았다는 사실이다. 여성 목회자로 활동의 제약이 있어 아무리 신학교를 졸업했어도 주일 설교를 할 수 없거나 강대상을 쓸 수 없었다. 말씀을 전할 기회가 적었다. 그러나 하나님은 그것을 원치 않으셨다. 어떻게든 말씀을 전할 기회를 주셨다. 박용묵 목사님이 부임하시기 전까지 새벽예배를 인도하게 하시고 김인득 장로님의 사업처 예배를 인도하시던 양아버지의 배려로 장로님의 다른 사업처에서 예배를 인도하기도 했다.

"예분아, 김 장로가 단성사를 인수했는데 직장예배를 네가 인도해야겠다."

"제가요? 제가 그걸 할 수 있습니까?"

"못할 게 무어냐? 대길교회 전도사로 잘 사역하고 있으니 전혀 문제 될 게 없다. 직장예배는 그 일을 하는 사람들을 대상으로 말씀을 전해야 하니 그 점만 신경 써서 준비하면 될 거다."

하나님께선 나를 사랑해 주는 분들을 붙여주시며 교역자로서 사역할 수 있도록 하셨다. 덕분에 여성이지만 설교할 기회도 많았다. 신학생 시절부터 시작한 설교는 주일학교, 성인예배, 직장예배로 확장되어 설교의 지경이 넓어졌다.

대길교회는 박 목사님이 부임하시고 난 뒤 혼란했던 분위기가 수습되고 예배당을 짓기 시작하면서 부흥의 길로 접어들었다. 마치 초대교회 공동체와 같았다. 그 모습을 지켜보며 날마다 감사했다. 박 목사님과 나는 한 가족처럼 지내며 칠 남매를 위해 많이 기도했다. 지금까지 그들과 교류하며 지내고 있다.

그즈음 하나님 앞에 기도하는데 자꾸 다른 마음이 들어왔다. 대길교회가 안정을 찾아가고 있으니 다른 곳을 개척해야 할 것 같았다. 애초에 하나님의 종으로서 편하고 안정된 길을 걷겠다는 생각을 한 적이 없고 가능한 좁은 곳으로 인도해달라고 기도했기에 그런 소원이 들었던 것 같다. 한번 떠나야겠다는 생각이 들어오니 마음이 요동쳤다. 어려운 곳으로 보내달라는 기도 밖에 나오지 않았다. 이 교회를 사임하는 게 좋겠다는 생각만 들었다.

"목사님, 제가 그만두어야겠습니다."

"김 전도사, 그게 무슨 말이야. 왜 그래? 교회를 도와줘야지."

"아닙니다. 이제 대길교회는 목사님 오시고 안정되었고 교회도 부흥되고 있으니 안심입니다. 저는 좀 더 어려운 곳으로 가서 사역을 돕고 싶습니다."

박 목사님과 사모님, 이 사실을 알게 된 교인들이 옷자락을 붙잡았다. 나 역시 그분들을 너무 사랑했기에 아쉬웠지만 결단을 내려야 했다. 교회를 사임하면서 사역이 시작되는 곳이라면 어려운 곳도 상관없으니 인도해달라고 기도했다. 그리고 논산에서 새롭게 시작하는 공동체에 함께할 것을 제안 받았다. 목회를 하더라도 서울에서 하려고 올라오려 하는데 역으로 내려간다고 하니 주변에서 만류가 심했다. 내 마음은 흔들리지 않았다. 새로 시작하는 곳에서 기초를 다지며 세워나가는 일에 은사가 있을 거라는 마음이 들었나 보다.

그 길로 충남 논산으로 향했다. 양부모님은 지방으로 내려가겠다는 나로 인해 많이 서운해 하셨지만 주의 종으로서 더 어려운 곳을 찾아가는 발걸음을 막지 않으셨다. 오히려 처음 만

났을 때부터 도와주고자 하는 마음은 변함 없다며 든든한 기도의 지원군이 되어 주셨다. 다만 많이 연로하셨기에 그 점이 염려되었다.

논산은 모든 게 준비 단계였다. 좋게 표현해 준비 단계지 실상은 아무것도 없었다. 다만 종교 유엔을 지향하며 세워진 곳이란 방향성만 있을 뿐, 성전을 짓는 것부터 복음을 전하는 것까지 모든 것을 함께 시작해야 했다. 계룡산 자락에 있는 곳이라 나와 같은 뜻을 가지고 모인 주의 종들이 산기도를 하며 부르짖었다. 교회 터를 사는 일부터 성전을 짓는 일까지 물질이 필요했기에 이 사역에 함께할 이들을 모으는 과정은 지난했다.

"하나님, 이곳에 저를 보내신 목적을 이루시옵소서. 저는 아무 힘도 능력도 없습니다. 그저 아버지 능력만 믿고 일합니다. 저를 도구로 사용해 주옵소서."

날마다 땅을 밟으며 이 산지를 우리에게 달라며 기도하니 하나님은 좋은 분들을 붙여주셨다. 물질의 문제가 해결되면서 성전을 지을 수 있게 되었다. 그러는 동안 내가 기거할 곳은 산기슭이었고 땅바닥이었다. 서울에서 사역할 때부터 따뜻한 방에서 등 붙이며 잘 수 없던 나였다. 밤새 포근한 방에서 잠을 자는 게 부끄럽고 죄송하여 가능한 기도의 장소로 나와 엎드렸다.

산기도를 하면서 신기한 일도 경험했다. 한참을 엎드려 기도하는데, 등 뒤에서 어떤 강한 기운이 느껴졌다. 산기도를 하다 보면 영적인 공격을 많이 받기 때문에 눈을 감고 기도하는데, 아무래도 느낌이 이상했다. 조심스레 눈을 떴는데 눈앞에 커다란 형체가 나타났다. 호랑이였다. 태어나서 처음 본 호랑이, 그 커다란 형체가 내 눈앞에 위용을 드러내며 씩씩거리고 있었다. 순간, 손가락 하나 까딱할 수 없을 정도로 공포감이 밀려왔다. 이곳 계룡산에서 기도하다가 천국을 가겠구나 싶어 그럴 바에는 기도나 실컷 하고 가자 싶어 더 소리를 내어 기도했다. 그런데 참 이상한 일이다. 야밤에 시퍼런 눈빛으로 쏘아보던 커다란 호랑이가 천천히 몸을 돌려 산 위로 올라가는 게 아닌가. 호랑이가 갔다는 것을 알고는 다리에 힘이 풀려 주저앉았다. 죽을 수도 있었을 젊은 여종을 살려두신 하나님께 감사하며 그길로 더 담대하게 산기도를 했다.

낮에는 하나님 나라를 전하고 밤에는 기도했다. 공동체 사역이 진행되면서 뜻을 함께하는 주의 종들의 발걸음이 이어졌다. 이들과 함께 생활하며 천국을 꿈꾸었다. 그러는 동안 정말 한 번도 생각하지 못한 하나님의 명령을 받았다. 그 일로 마음이 괴로워 더욱 기도했다. 그리고 이곳에 세워질 공동체 교회와 부흥을 위해 기도했다. 그런데 이 일을 시작할 때의 열정과는 달리 점점 마음이 식었다. 하나님의 촛대가 옮겨지고 있다는 생각이 들었다. 그 시작은 세상의 소리로부터다.

"이곳에 육군본부가 들어온답니다."

"네? 그럴 리가요?"

"이곳의 터가 좋다고 하잖아요. 국가에서 이곳을 눈여겨보고 있다는데 아마도 확실한 것 같습니다."

신학교의 터가 옮겨가는 일을 겪었던 나로서는 충분히 가능하다고 생각했다. 세상의 소리가 들리면서 마음이 불안해 기도가 이어졌다. 과연 하나님의 뜻이 이곳에 있는지 묻고 또 물었다. 그런데 알 수가 없었다. 공동체에 모인 이들은 세상의 소리에 불안해했고 의심하기 시작했다. 그러는 동안 육군본부가 들어선다는 이야기가 가시화되었고 공동체는 더욱 흔들렸다. 나로서는 단순히 터를 옮기는 문제라기보다 근본적으로 이곳에 온 목적이 흔들린다는 생각에 마음이 괴로웠다.

더욱 괴로운 일은 그때부터 시작되었다. 육군본부가 세워지는 일이 구체적으로 진행되면서 이미 사역을 하는 종교단체에 대한 보상 문제가 불거졌다. 그 과정에서 이해관계가 수면 위로 드러난 것이다. 목회자들 사이에 충돌이 일어나고 서로 더 많은 것을 취하려했다. 이들의 민낯을 보면서 마음이 너무 힘들고 괴로웠다. 게다가 대지가 정부에 편입되면서 공동체 사역이 와해하기 시작했고 사람들이 하나둘 떠났다. 처음 터를 일굴 때부터 합류하며 일했던 나에게 주어진 보상은 없었다. 무엇을 바라고 한 것은 아니었지만 누구 할 것 없이 자기 잇속을 차리며 뿔뿔이 떠나는 모습을 보며 울고 또 울었다. 답답한 마음을 해소할 길 없어 하나님께만 아뢰였다.

"아버지, 저는 이제 어떻게 합니까?"

괴로운 마음과 주의 종들로부터 받은 상처를 안고 숨죽여 기
도했다. 이제 과연 하나님의 촛대가 옮겨진 이곳에서 나는 어
디로 가야 하는지 묻고 또 물었다.

뜻밖의 소명

　공동체에는 별의별 사람들이 있었다. 하나님의 사역을 하기 위해 전국에서 모인 목회자와 예비 목회자, 평신도가 있었다. 그 중엔 병자들도 많았다. 기도원처럼 운영되었기에 이곳에서 살면서 신앙생활을 하는 분들도 있었다. 그중에 유난히 기침이 심한 성도가 있었다. 기침은 감출 수 없는 증상이었기에 어디에서나 티가 났다. 그래선지 병자들도 그 사람을 꺼렸다. 나는 주 안에서는 모두가 똑같은 형제라 생각했다. 편견 없이 봐서였을까, 하나님은 내게 감당하기 어려운 명을 내리셨다.

　'쿨럭쿨럭'

　어둑어둑할 때, 숙소로 가는 길이었다. 계단을 따라 산등성이를 올라가는데 앞에서 기침 소리가 들려왔다. 소리만 들어도 건강이 좋지 않은 듯하여 안타까워하는데 마음속에서 음성이 들려왔다.

'저 앞에 가는 주의 종을 도우라.'

순간, 하나님의 음성이란 생각이 들었다. 그렇게 똑똑한 음성을 들어본 적 없던 나로서는 당황스러웠다. 고개를 들어 하나님이 지목하신 사람을 바라보았다. 키가 큰 남성이 기침을 하며 주전자에 물을 받아 올라가고 있었다. 한눈에 봐도 한 걸음 한 걸음 떼는 게 힘들어 보였다.

'폐병이구나.'

병세가 위중해 보였다. 게다가 남성이라니! 여간 불편한 게 아니었다. 그때부터 하나님과 나와의 실랑이가 벌어졌다.

"아버지, 제가 저분을 어떻게 돕습니까?"

"내 종이다. 그러니 네가 도와라."

"아니 아버지, 저분은 남자 집사님인데 여자 전도사가 어떻게 돕습니까? 저는 하나님 앞에서 혼자 살기로 했습니다. 그러니 남종을 시키십시오."

"아니다. 네가 도와줘라."

워낙 확고히 말씀하시니 일단 그 사람을 따라 올라가 보기로 했다. 그때만 해도 남녀가 유별해서 아무리 여자 전도사라 하더라도 남자 집사와의 교제가 자유롭지 않았다. 대길교회 사역을 통해 성도들을 관리하고 만나는 일에 익숙했지만 그래도 공동체 내에서는 조심스러웠다. 그럼에도 하나님이 시키는 일이니 어쩔 수 없었다.

"저… 집사님, 저랑 얘기 좀 합시다."

"저 말입니까?"

얼마나 기침을 심하게 하는지 그 큰 키가 구부정하게 굽어 있었고 얼굴은 창백했다. 주전자 하나 들고 가는 것도 힘겨워 하는 모습을 보니 마음이 짠했다. 전요한, 그의 이름이었다. 이름을 보니 기독교 집안에서 성장한 게 분명했다. 이북에서 믿는 가정에서 태어나 할아버지로부터 받은 이름이란다. 이북에서는 유복한 환경에서 자랐는데, 전쟁에 모두 죽고 아버지와 어머니, 자신만 피난을 와서 부모님은 부산 피난민촌에 계시고 자신은 군대에 입대했다가 폐병이 걸려 여기까지 왔다고 했다.

"식솔은 없습니까?"

"결혼해서 아이 넷을 낳았는데, 집사람도 폐병에 걸려 죽었어요. 저도 이렇게 되다 보니 애들은 처가에 맡겨 놓았습니다."

참으로 딱한 형편이었다. 누구 한 사람 돌봐줄 사람 없이 오히려 자식들과 떨어져 있는, 아니 버림받은 처지였다. 공동체까지 들어온 걸 보면 세상의 방법은 안 되고 기도로 고쳐보겠다는 믿음이 있었던 것이다.

'아버지, 들으셨지요? 이분 자식들도 있답니다. 저는 못합니다.'

'아니다. 그래도 주의 종을 도와줘라. 너 아니면 도울 자가 없다.'

'아버지, 지금까지 혼자 잘 살아왔는데 저한테 왜 이러십니까? 너무 하신 거 아닙니까?'

그러나 하나님의 뜻은 확고했다. 하나님의 음성은 또렷하고 더 강하게 다가왔다. 지금까지 여자로서 어떤 것도 누리지 않았던 삶에 너무 가혹하단 생각이 들면서도, 결국 하나님 뜻에 순복할 것 같았다. 그러다 보니 나도 모르게 방법을 생각하고 있었다. 기왕 도와주려면 결혼까지 해야 한다는 생각에 이른 것이다. 전 집사님은 나를 의아한 눈으로 보면서도 자신에게 관심을 가지고 다가온 나를 무척 고맙게 여겼다. 사실대로 말하는 게 좋겠다 싶어 실은 하나님의 음성을 듣고 오게 됐다고 하니 무척 고마워했다.

"전도사님, 고맙습니다. 여기 있으면서 누구 한 사람 관심 없이 저를 피하기 바빴는데… 정말 하나님은 살아계시나 봅니다."

그러면서 자신이 꾼 꿈 이야기를 이어갔다. 이틀 전 기도하다가 꿈을 꾸었는데, 자신이 큰 말을 타고 있었다고 했다. 말이 꿈쩍도 하지 않는데 여자 하나가 나타나 "제가 한번 끌어봅시다." 하며 고삐를 쥐니 그때부터 자신이 탄 말이 졸졸 끌려가더란다. 그 꿈을 꾸고서도 참 희한하다 싶었는데, 이틀 뒤에 내가 나타난 것이다.

하나님이 양쪽에게 모두 말씀을 하셨구나 싶은 마음이 들면서 그날 밤, 전 집사님을 붙들고 기도했다. 마음에 확신이 있는 것도, 결단을 내린 것도 아니었지만 그래도 그곳까지 인도하신 분의 뜻에 따라 모든 일이 합력하여 선을 이루실 것을 믿었다.

깊고 힘든 기침 소리를 들으며 기도하는 내내 마음이 무거웠다. 공동체 사역의 틈이 생기던 참에 받은 하나님의 명령이라 더욱 괴로웠다. 내 앞길도 정해진 게 없는데 병들고 불쌍한 영혼을 거두라고 하시니 버거웠다. 그럼에도 순종하기로 했다. 전 집사를 돕기 위해서 무엇부터 해야 할까 생각하니 애매한 위치가 아닌 확실한 자리에서 도와야겠단 생각이 들었다. 약혼을 결심했다. 지금껏 예수님을 신랑 삼아 살아왔는데 이런 저런 구설수에 휩싸이는 것보다 약혼자로서 돕는다고 하면 누가 뭐랄 게 있나 하는 생각이었다. 하나님도 이 마음에 동의하셨다. 문제는 주변의 반대였다.

"김 전도사, 이게 무슨 말이야? 누굴 도와? 그건 아니야."

다 죽어가는 사람이랑 무슨 약혼이며, 어떻게 돕겠냐는 것인지 걱정했다. 총회신학대까지 나온 여종이 뭐하러 병자와 결혼까지 생각하며 돕느냐며 염려를 넘어 비난까지 해댔다. 이미 주신 마음이 있고 약속했다고 설득했지만 가깝게 지내는 목회자들의 반대가 너무 심했다. 그중에서는 지금까지의 나의 헌신과 노력이 안타까워 걱정하는 분도 있었지만, 아닌 사람도 있었다. 어떤 목회자들은 충성스럽게 사역을 뒷받침해줄 전도사가 누군가를 돌보겠다고 하니 대놓고 싫어하기도 했다. 그럴 때면 나를 동역자가 아닌 비서로 보고 있는 건 아닌지 서운한 마음도 들었는데 이 모든 것을 감당해야겠다고 생각했다.

"하나님 아버지, 전 집사를 제게 맡기신 건 그에 따른 구설수까지 책임지라는 말씀이니 저는 입 닫고, 귀 닫고 순종하겠습니다. 갈 길을 알려 주십시오."

공동체 사역을 위해 내려온 논산에서의 시간은 어찌 보면 훈련의 시간이었다. 각지에서 모여든 주의 종들과 하나님 나라를 전하겠다는 뜻을 펼치며 많은 것을 깨달았다. 그 속에 인간적인 면면을 들여다보게 하심으로 오로지 아버지 음성에만 귀 기울여야 함을 깨닫게 하셨다. 복음을 위한 길에 인간적인 생각이 앞서 무너질 수 있다는 것을 보게 하셨다. 무엇보다 그 속에서 내 생애를 바꿔놓을 극적인 만남과 인연을 허락하셨다. 하나님의 세밀한 손길을 느끼는 시간이었다.

주의 뜻을
따르겠나이다

"예분아, 내려와야겠다. 아무래도 하늘나라 가실 것 같다."

급히 연락을 받고 부산으로 향했다. 양부모님이 연로해지면서 부산에 내려가 계셨는데 마침 논산에 있을 때라 부산을 종종 찾아갔다. 두 분의 연세가 너무 많아 이 땅에서 만나 뵐 날이 얼마 남지 않았단 사실이 안타까웠다.

지병이 있으셨던 아버지는 부산에서 요양하시다가 천국으로 가셨다. 어머니도 얼마 지나지 않아 따라가셨다. 아버지의 친자식들이 있었지만 어머니를 돌보지 않았고 재산 다툼만 했다. 이런 끝을 예상하셨던지, 마지막을 부탁하신 듯해 어머니 마지막 가시는 길에 눈을 감겨드리고 이 땅에서의 양부모님과의 인연을 마무리했다. 천국에서 만날 날을 기약하며 기쁘고 감사하게 보내드렸다.

"어머니, 감사했습니다. 어머니, 아버지 덕분에 김예분이 주의 종이 될 수 있었습니다. 우리, 천국에서 만나요."

양부모님을 보내드리고 논산에서의 공동체 사역도 마무리지어야 할 시점이 다가왔다. 이미 사역했던 곳이 육군본부로 넘어가 보상 문제로 충돌했고 전요한 집사를 책임지겠다고 선언한 나에 대한 이런저런 소리가 들렸다.

"아버지, 저는 이제 어디로 가면 좋겠습니까?"

이제는 혼자 몸도 아니었다. 하나님 앞에 주의 종을 보살피겠다고 약속했으니 그 책임도 져야 했다. 그러려면 그에 대한 대책도 세워야 했다. 하지만 대책이랄 게 어디 있을까? 지금까지 한 걸음 한 걸음 인도하셨던 아버지를 의지할 뿐이었다.

"전 집사님, 하나님이 저에게 주의 종을 책임지라고 하셨으니 이제부터 제가 집사님을 보살피겠습니다. 그런데 처녀 전도사가 남자를 보살피는 걸 보는 시선이 따가울 테니 일단 약혼합시다. 약혼녀가 돌보는 건 이상하게 보이지 않을 겁니다. 일단 집사님은 병 낫기를 간구하십시오. 지금 외할머니 댁에 맡겨둔 자식들도 힘닿는 한 도울 겁니다."

"김 전도사님, 참 고맙습니다. 하나님께서 저를 살리시려나 봅니다."

약혼이라고 특별한 건 없었다. 그저 둘이 손 붙잡고 하나님 앞에 서약하는 것뿐이었다. 하나님이 살려주시면 결혼은 그때

하겠다고 마음먹었다. 솔직히 약혼이나 결혼이나 내겐 크게 중요치 않았다.

약혼녀가 되었으니 마음껏 그를 간호할 수 있겠다 싶어 일단 몸 상태가 어떤지 정확히 알기 위해 병원을 갔다. 너무도 어렵게 살며 혼자 병을 이고 지고 살았으니 제대로 된 진찰도 받지 못했었다. 그를 부축하여 병원으로 가 엑스레이를 찍고 진찰했다.

"두 분이 어떤 관계입니까?"

"제가 약혼녀입니다. 진찰 결과가 어떻습니까?"

"자, 이게 폐 사진입니다. 온통 하얗게 보이시죠? 아니, 어떻게 이런 상태까지 되셨습니까? 폐결핵이 너무 심해 손을 쓸 수 없습니다. 한쪽 폐가 없습니다. 거의 녹아내렸다고 보시면 됩니다. 어떻게 지금까지 버텼는지 신기합니다."

"선생님, 살릴 방법이 없습니까?"

"죄송합니다. 지금은 진통제나 드시면서 버티는 정도네요."

절망적인 상황이었다. 의사 말이 아니더라도 곁에서 지켜본 전 집사의 상황은 안 좋았다. 끊임없이 뱉어내는 기침과 가래, 못 먹어서 마른 몸까지 한숨만 나왔다. 하나님께 의지할 수밖에 없었다.

"주님, 제가 어떻게 도우란 말입니까!"

답이 나오지 않았다. 전 집사는 나만 바라보는데 나 역시 사역지를 정하지 못한 불안정한 상태였다. 붙잡을 수 있는 분은 하나님뿐이었다. 양부모님도 돌아가셨고 마음 놓고 의논할 사람도 없어 외롭고 고독했다. 하지만 똑똑히 들려주신 음성을 따라 순종하기로 작정한 만큼 나의 외로움을 하나님이 아시겠거니 생각하며 버텼다.

그때 생각지도 않은 일이 벌어졌다. 부산에서 전 집사의 어머니가 아들을 찾아오신 것이다. 전 집사의 아버지가 중풍으로 쓰러져 돌아가시면서 혼자된 어머니가 아들을 찾아왔다. 어머니는 폐병으로 힘겨운 사투를 벌이고 있는 아들을 보더니 거의 까무러치셨다. 자식과 생이별한 채로 외롭게 사는 아들의 형편을 보니 왜 안 그렇겠는가. 다행히 곁에서 보살피겠다고 나선 사람이 있다는 말에 고마워하셨다.

"아이고 전도사님, 정말 은인입니다. 고맙습니다."

"아닙니다. 하나님이 시키신 일입니다. 그런데 어머니, 저도 사역을 해야 하는 종이다 보니 사역지를 정해야 합니다. 기도하며 임지를 찾아보겠습니다. 아들을 돌봐줄 어머니가 오셔서 제가 한결 가벼워졌습니다. 어떻게든 두 분 사실 수 있게 돕겠으니 두 분은 당분간 여기서 지내십시오."

어머니는 아들과 둘이 지내게 되었다며 고마워하셨다. 과연 어머니가 오시니 만사형통이었다. 누구보다 자식을 사랑하고 보살필 어머니가 계시니 내 마음의 무게도 한결 가벼웠다. 기가 막힌 타이밍에 기막힌 방법으로 어머니를 보내신 하나님의 손길에 감동했다.

그 길로 나는 서울 청계산 기도원으로 향했다. 아무것도 정해지지 않은 상태, 아무것도 손에 쥔 것은 없었다. 그토록 열심히 뛰었지만 갈 곳이 없었다. 주머니에 가진 것 전부를 드리고 밀가루죽 한 사발 먹으며 밥값까지 아껴 일했지만 남은 것이 하나도 없었다. 어디 그뿐인가! 생각지도 않은 사람을 돌보라는 명령에 한 가정을 책임지게 하셨다. 온전한 사람도 아닌 병든 자와 그의 식솔들이다. 모두가 나 한 사람을 바라보게 하신 것이다. 이런 현실이 주마등처럼 스쳐 가는데 얼마나 서럽던지 기도원 마룻바닥에 앉아 한참 울었다. 아무리 생각해도 인간의 힘으론 도저히 헤쳐 나갈 수 없을 것 같아 두려웠다. 나는 못하겠다고, 도저히 이 현실을 감당할 수 없다고 아버지에게 떼쓰는 심정으로 울며 기도했다.

다윗이 탄원하는 기도를 드린 와중에서도 불평이 감사로 바뀌게 하신 하나님이 내게도 임하셨다. 누가 봐도 억울하고 답이 없는 상황이라 실컷 탄원하고 싶었지만, 이내 고난 속에서도 피할 길을 주신 하나님을 바라보게 하셨다.

'전 집사님 어머니가 그 타이밍에 아들을 찾아오지 않으셨더라면 어떻게 되었을까? 하나님이 어머니를 돕는 손길로 보내주셔서 참 감사하다.'

'공동체 사역의 방향성에 대해 의심이 들고 목회자들의 욕심의 민낯을 보며 마음이 괴로웠는데 내게 더 큰 일을 맡기시며 자연스럽게 떠나게 하시니 감사하다.'

감사의 조건이 떠오르게 하신 것이다. 힘들다며 떼쓰던 기도가 어느새 감사의 기도로 바뀌고 있었다. 그러면서 다시 평안이 임했다.

꿈을 통한
하나님의 계획

　다시 서울로 올라와 기도원에서 머물며 기도하는데 뜻밖의 방문을 두 번 받았다. 처음은 전요한 집사와 어머니였다.

　"아니 어머니, 여길 어떻게 오셨습니까?"

　"청계산 기도원에 있겠다고 해서 올라와 봤습니다."

　전화 연락이 어렵던 시대였기에 무작정 올라왔을 모자를 생각하니 마음이 시렸다. 여전히 전 집사는 기침하며 숨이 가빴고, 어머니는 그 아들을 보살피느라 많이 피곤해 보였다. 나는 두 분이 여기까지 찾아온 이유를 알 수 있었다. 불안했을 것이다. 애가 탔을 것이다. 무슨 증서가 있는 것도 아니고 그저 말뿐인 보살피겠다는 약속에 마음이 흔들렸을 것이다. 그 마음을 충분히 알기에 안심시켜드렸다.

"집사님, 그리고 어머니, 걱정하지 말고 내려가십시오. 두 분은 제가 끝까지 보살펴 드릴게요. 하나님의 명령이니 당연히 따를 겁니다. 그러니 내려가셔서 건강 잘 챙기세요."

"전도사님, 참 염치가 없습니다. 그런데 어찌합니까! 김 전도사님 밖에 우리를 거둘 분이 없습니다."

"압니다. 어머니가 계셔서 얼마나 다행인지 모릅니다. 그러니 기도하면서 아드님 잘 보살펴주세요."

두 분을 내려보낸 뒤 계속 기도했다. 쉽고 편한 임지가 아닌 어려운 곳으로 보내달라고 했다. 고난 가운데 소망을 주신다는 것을 믿었기에 그 속에서 더 큰 열매를 보길 원했다. 그러던 참에 두 번째 방문자가 찾아왔다. 산에 올라가 한참 기도하고 내려왔는데 사찰 집사님이 누가 나를 찾아왔다고 전해주었다. 누군가 싶어 뛰어가 보니 생각지도 않은 분이 와 계셨다.

한복 차림에 보따리 하나를 지고 있는 대길교회 박용묵 목사님의 이분례 사모님이셨다. 대길교회를 사임하고 수년간 뵙지 못했는데 나를 보러 청계산까지 오신 것이다. 뭔가 위중한 사안이 있지는 않은지 걱정되었다. 몇 년 동안 뵙지 못한 사모님은 많이 야위어 있었다.

"사모님, 건강은 어떠세요?"

"휴… 애들 키우고 교회 일 하다 보니 힘이 들긴 하네요. 그나저나 김 전도사는 어때요?"

"예. 저는 다음 임지가 정해지지 않아 기도 중입니다."

"여기 있단 소리 듣고 그럴 것 같아 찾아왔어요. 김예분 전도사! 대길교회로 다시 와줘요. 그 얘기 하려고 온 거예요."

"네?"

사모님은 청빙하러 오신 것이다. 현재 교역자가 사임하고 나가 안팎으로 쉽지 않다고 하셨다. 내가 사임하고 나올 때까지만 해도 대길교회는 예배당 건축을 활발히 진행하며 교회의 틀을 갖춰 부흥하고 있었다. 내부적인 문제가 생겼다니 마음이 아팠다. 사모님은 정확히 언급하지 않으셨고 교회로 다시 돌아오길 강청했다. 마음이 흔들렸다. 하나님께서 보내신 응답의 선물인가 싶기도 하고 이전 사역지로 가는 것이 맞는가 싶기도 했다.

"사모님, 아시겠지만 제가 기도중입니다. 사모님도 돌아가셔서 목사님과 제직들과 더 기도해보신 뒤 결정하시지요. 저도 기도해 보겠습니다."

"그래요. 나는 김 전도사가 다시 오면 정말 좋겠어. 박 목사님도 그걸 바라시고 대길교회 성도들도 얼마나 전도사를 좋아했는데…"

"주님 뜻이면 가겠습니다."

병약한 몸을 이끌고 기도원까지 찾아오신 사모님이 너무도 고마워 그날 밤새 이야기를 나누었다. 황달기가 있어 걱정되었다. 다음날 산에서 내려가시는 뒷모습을 보며 간절히 기도했다. 저 병약한 몸을 강건케 하셔서 박 목사님 사역을 끝까지 내

대길교회에서 박용묵 목사님, 박충용 전도사님, 이분례 사모님과 함께

조하실 수 있기를. 그러나 그날 이후 사모님을 만나지 못했다. 이후 병이 깊어져 천국으로 가셨다.

사모님이 다녀가신 뒤 나는 대길교회 청빙을 두고 기도했다. 그곳으로 가는 게 맞는지 답을 듣고 싶었다. 그런데 응답은 없고 약속했던 시일만 다가왔다. 약속한 날이 얼마 남지 않은 저녁, 그날도 밤새워 기도하러 마룻바닥에 엎드렸는데 나도 모르게 깜빡 잠이 들었다.

꿈속에 머리 위로 새끼줄이 내려와 있었다. 한눈에 보기에도 튼실하게 잘 짜인 새끼줄이 머리 위에 있어 저걸 잡아야겠다 싶어 손을 뻗었다. 크고 튼실한 동아줄을 잡는다는 건 아무래도 좋을 것 같아 손을 뻗어 새끼줄을 잡았다 그런데 갑자기 그 줄이 싹둑 잘려나가는 게 아닌가.

그리곤 퍼뜩 잠에서 깼다. 정신이 드는 순간 깨달았다. 하나님의 대답은 거절이었다. 마침 박 목사님이 연락하셨다. 목사님은 대길교회 제직 한 분이 나의 청빙을 반대한다는 소식을 전하셨다. 당시 교회가 갈라져 시끄러운 상황에서 나를 반대한 사람이 있었다.

"목사님, 안 갑니다. 하나님도 원하지 않으십니다."

단호한 결심을 말하자 박 목사님도 수긍하셨다. 훗날 알게 된 바로는 당시 교회는 생각보다 문제가 심각했다. 박 목사님 위임 건으로 음해 세력이 중상모략하며 목사님 가족은 마음의 고통이 컸다. 이런 상황에서 나까지 가면 분란이 났을 것이다. 이런저런 시비에 휘말리지 않게 꿈을 통해 보여주신 것 같았다. 하나님은 시험도 주지만 그것을 피할 길도 주신다. 마음이 힘겨운 불쌍한 여종에게 심적인 고통을 덜어주시기 위해 구름기둥과 불기둥으로 인도해주고 계셨다.

청계산에 머무는 동안 하나님은 평생에 걸쳐 보살펴야 할 주의 종을 다시금 확인시켜 주셨다. 그리고 어느 사역지를 가던지 하나님의 뜻을 좇아 그분의 계획을 따라가야 함을 알려주셨다. 그분의 응답은 수락과 거절로 단순화되지 않는다. 그보다 훨씬 다양하고 깊고 넓다.

개척교회로의 헌신

　임지를 구하며 기도하던 중 하나님의 계획은 개척교회를 세우는 데 있음을 알았다. 그 길로 세검정으로 갔다. 세검정은 임마누엘 수도원에 지낼 때부터 수년간 머물던 동네라 그곳 교인들과는 인연이 끈끈했다. 젊은 여자 전도사가 세검정에서 났다고 성도들이 좋아했다. 그간 그곳을 떠나 있으면서도 연락을 주고받았다. 다시 서울에 올라와 임지를 찾고 있다는 소식에 교인들의 요청이 왔다.

　"김 전도사님, 이번에 개척교회를 시작하는데 전도사님께서 와주시면 좋겠습니다."

　세검정장로교회는 그야말로 개척교회였다. 김정두 목사님을 모신 상황에서 교인 9명이 전부였다. 그곳에서 다시 사역을 시작하게 되었다. 교회는 개척에 앞장선 유앵손 권사님 댁이었다. 가정에서 시작된 세검정교회는 아무것도 체계가 잡히지 않은 상황이었다. 이곳에서 전도사로서 해야 할 역할은 성도들을 관리하고 조직을 만들고 부흥을 위해 전도하는 것이었다. 생활에 대한 부담도 컸다. 혼자 몸이라면 사례 같은 건 신경 쓰지 않아도 되지만 전요한 집사와 가족이 있으니 책임감이 짓눌렀다. 어떻게든 그들이 살 정도는 보탬을 주어야 했다. "전도사님, 사례도 변변히 드리지 못해서 어째요."

"집사님, 물질은 하나님이 주시는 거지요. 걱정하지 말고 부흥에만 힘씁시다."

다행히 교인들은 나를 사랑해 주었고 많이 걱정해 주었다. 그들의 진심과 사랑하는 마음을 알기에 한마음으로 뭉쳤다.

"예수 믿고 구원 받으십시오. 영원한 천국의 복을 받으십시오."

지금처럼 전도지가 흔하지도 않았다. 그저 성경책을 들고 다니며 입술로 말씀을 선포했다. 가가호호를 돌며 예수를 전했다. 길거리에서 사람을 만나면 놓치지 않고 복음을 전했다. 특히 주일학교에 힘을 쏟았다. 동네마다 그득했던 아이들을 만나면 '저 아이들이 예수를 믿으면 얼마나 좋을까?' 생각했다. 주일학교의 부흥이 곧 교회의 부흥이기에 주일학교를 위해 기도하고 또 기도했다.

"주여, 이곳에 주일학교를 만들도록 도와주십시오."

주일학교를 시작하자고 하니 교인 몇몇은 깜짝 놀랐다. 가정

집 교회에 아이들이 오겠냐는 반응이었다. 나는 확신이 있었다. 대길교회를 사역하면서 이미 부흥을 경험했고 주일학교를 통해 교회가 성장하는 것을 보았기에 하나님의 뜻이 있다면 가능하다고 생각했다. 교회에 부임하고 다음 주일부터 주일학교를 시작했다. 기도하며 아이들을 맞을 준비를 했다.

첫 번째 예배에 여섯 명의 아이들이 모였다. 대부분 성도의 자녀였다. 그동안 어른 예배를 드리다가 주일학교 예배를 드리니 아주 좋아했다. 아이들의 시선에서 말씀을 전하고 재미있는 성경 이야기를 전해주니 눈빛이 초롱초롱했다. 하나님이 왜 아들 예수를 이 땅에 보내셨는지, 우리를 위해 왜 십자가에 달리셨는지 말씀을 전하며 올바른 신앙인으로 성장하도록 최선을 다했다. 주일학교는 대성공이었다. 집으로 돌아간 아이들이 주일학교 설교 이야기를 부모에게 전하고 즐거워했다. 주일학교의 부흥은 놀라웠다. 여섯 명으로 시작한 주일학교가 다음 주에는 두 배가 되었다. 두 달이 되자 32명이 되었다. 주일학교가 부흥되니 자연히 어른 성도도 늘어갔다.

교회의 부흥과 성도들과의 교제가 깊어지는 것만큼 기쁘고 즐거운 일은 없다. 하나님이 당신의 자녀들이 하나씩 돌아올 때 기쁨이 이런 것일까! 물론 그 기쁨에 비할 바는 아니지만 하나님은 어려운 교회, 또는 시작하는 교회에 나를 보내심으로 부흥의 중심에 서게 하셨다. 어떠한 어려움 속에서도 복음은 위대한 힘을 발휘하고 성장하게 하신다는 것을 보여주셨다. 무엇보다 개척 당시 함께했던 아홉 명의 용사들의 합심 기도와 헌신은 큰 힘이 되었다. 자신들이 모신 전도사에 대한 충성과 믿음을 보여주었기에 한 방향으로 갈 수 있었다.

그런데 나에겐 남모를 어려움이 있었다. 생활고가 심했다. 시골에 있는 전 집사와 어머니에게 어느 정도 생활비를 보내주어야 하는데 잘되지 않았다. 물론 때마다 필요한 물질을 채워주셔서 그대로 시골로 부치며 근근이 살아갔다. 밤마다 눈물로 기도하며 필요한 것을 채워달라고 간구했다.

그렇게 버텨나가던 어느 날, 전요한 집사가 나를 찾아왔다. 어디선가 익숙한 기침 소리가 들리길래 설마 했는데 문밖에 그가 서 있었다. 몇 개월 전에 보았던 모습보다 더 쾡했다.

"아니, 여긴 어떻게 오셨습니까?"

"요즘 하도 연락이 없어서 내가 찾아왔습니다."

갑자기 눈물이 핑 돌았다. 기도원에 있을 때도 그리 힘들게 찾아오더니, 이번엔 세검정까지 그 먼 길을 힘들게 찾아왔구나 싶어 가슴이 아팠다. 죽을 각오를 하고 찾아왔다는 말에 가슴이 찢어졌다.

"미안합니다. 여기 교회 일이 너무 바쁘고 한시도 비워둘 수가 없어서 가지도 못했습니다. 건강은 좀 어떠십니까?"

"나야 뭐. 하나님 은혜로 하루하루 삽니다. 오늘이라도 천국 가는 게 전혀 이상하지 않지요. 그나저나 주의 종으로 할 일도 많은데 나까지 힘들게 하니 미안합니다."

"그런 말 마십시오."

나는 그가 왜 왔는지 짐작했다. 그동안 제대로 된 보탬도 주지 못했으니 오해했을 것이다. 혹시 내 마음이 변한 건 아닌지 불안했을 것이다. 그 마음을 직접 말하지는 않았어도 죽을 각오까지 하며 서울을 찾아온 것을 보면 짐작하고도 남았다. 이상황에서 내가 할 일은 그에게 믿음을 주는 것이었다. 절대로 하나님이 명령하신 일을 그만두지 않을 것이며 하나님이 당신을 고쳐주시면 결혼하여 사역을 돕겠다는 약속을 지킬 거라는 확신을 주어야 했다.

"전 집사님, 걱정하지 마시고 내려가세요. 지금은 이곳 사정이 어려워 도움을 많이 드리지 못하지만 분명히 길이 열릴 것입니다. 그러니 어머니와 조금만 기도하시며 견디십시오."

"그러겠습니다. 알겠지만 저는 김 전도사님 없으면 안 됩니다. 이런 말이 부담스럽다는 건 잘 알지만 이럴 수밖에 없어서 미안합니다."

그날 우리는 손을 붙잡고 울었다. 한 사람은 마음껏 도울 수 없는 형편이 안타까워 울었고 또 한 사람은 훨훨 날며 사역할 수 있는 사람을 붙들고 있는 현실에 울었다. 전 집사님을 무거운 마음으로 배웅하면서 가슴을 찢으며 기도했다.

"하나님, 우리를 불쌍히 여기시옵소서. 제게 저들을 맡기셨으니 피할 길을 주십시오."

신촌창전교회로의
인도하심

"김예분 전도사님, 신촌창전교회 아시지요?"

"네, 목사님. 잘 알지요. 신촌에서 유명한 교회잖습니까. 그런데 왜요?"

"전도사님께 어려운 부탁 좀 드리고 싶어서요."

세검정교회에서 사역을 하고 있을 때, 어느 날 아는 목사님께 연락이 왔다. 그분은 신촌창전교회 최성호 담임목사님의 부탁을 받고 내게 연락을 해 오셨다. 신촌은 그 당시에도 서울의 중심지로 연세대학교, 세브란스 병원 등 주요 시설이 있었다. 학원복음화의 주요 거점이라 신촌을 중심으로 목회활동이 활발했다.

문제는 교회의 분열이었다. 1945년부터 1960년까지 한국 교회는 꾸준히 성장하며 경제성장과 함께 부흥했다. 장로교만 하더라도 1953년 세례교인이 25만 명에 달했다. 해마다 배가의 성장을 했다. 그러나 6·25 전쟁과 교회 분열, 신학 논쟁, 이단의 등장으로 어려운 문제도 많았다. 그러다가 1960년대 이후 교단의 분열이 본격화되면서 교회가 나뉘어는 일이 많아졌다. 모두가 하나님의 일을 하는 사람들인데 이해관계에 따라 나뉘어졌다. 인간적인 모습이 드러날 때면 마음이 매우 아팠다. 최성호 목사님의 부탁을 받고 연락한 이유도 비슷한 맥락이었다.

"전도사님, 지금 창전교회가 어려운 상황입니다. 누군가 와서 성도들을 관리해주고 사역해줄 동역자가 필요합니다. 제가 전도사님을 추천했습니다."

"저를요? 그나저나 무슨 문젭니까?"

"같은 마음으로 개척을 함께한 동지들 간에 내분이 일어났어요."

"휴… 큰일이네요. 그나저나 여기 일을 맡고 있으니…."

"그래도 전도사님은 더 어려운 교회를 자청해서 가시잖습니까? 지금 세검정교회가 어느 정도 자리가 잡혔으니 신촌창전교회로 가서서 도와주십시오."

마지막 말씀이 마음을 흔들었다. 지금까지 갔던 교회 모두가 어려웠다. 하나님은 늘 나를 어려운 곳으로 보내셨다. 이번에도 신호를 주신 것이 아닐까 싶었다. 이 일로 기도하는 데 가야겠다는 마음이 들었다. 어려운 상황이지만 창전교회는 당시 장로회 중 큰 교회였고 사역자로서 좀 더 지경을 넓혀 일할 수 있는 곳이기도 했다. 특히 전 집사와 가족의 생활을 책임져야 하는 가장으로서 어느 정도 안정된 생활을 보장받을 수 있었다. 여러 날 기도하며 세검정교회 성도들과도 의논한 끝에 옮기기로 결단을 내렸다.

마음 결정을 내리고 다음 날 신촌창전교회로 향했다. 교회는 내게 와우아파트 방 한 칸을 내어주셨다. 기거할 곳이 마련되었으니 마음껏 하나님의 일을 하면 되었다. 그런데 약간의 변수가 생겼다. 외가에 있던 전 집사의 자녀들이 형편이 어렵게 되었다. 다 죽어가는 아버지가 시골에서 병과 싸우고 있기에 외가댁에서 넷이나 되는 손자녀를 건사하는 게 부담이 되었을 것이다. 왜 그렇지 않았을까! 이해가 되었다. 그런데 내가 나타나 전 집사를 도와주겠다고 하니 부담을 좀 덜고 싶은 마음이 있었나 보다. 내게 자녀를 돌봐달라는 요청이 왔다.

주의 종을 도우라고 하셨던 명령에는 하나님께서 모든 걸 책임지시겠다는 약속이 있는 것이니 순종했다. 물론 나도 인간인지라 자녀들은 어떻게 하냐며 물었다.

'고아를 돌보는 셈 치고 자녀들도 돌봐줘라.'

이 응답에 두말하지 않고 둘째 딸 순희를 데려와 돌보기로 했다. 결혼도 안 한 처녀 전도사가 어린 아이까지 데리고 교회 전도사로 인사를 하게 되었다.

"안녕하십니까, 창전교회 성도 여러분. 저는 김예분입니다.

하나님의 종으로 부름을 받고 세 교회를 거쳐 이곳에 왔습니다. 목사님이 소개하셨다시피 저는 처녀 전도사가 맞습니다. 주의 종이 되려고 할 때부터 예수님을 신랑 삼아 평생 혼자 살겠다고 약속했습니다. 그런 제가 오늘 딸을 하나 데리고 왔습니다. 이왕 알게 되실 것이기에 미리 말씀드립니다. 저는 지금 주의 종을 도우라는 하나님의 명령을 받아 폐병 말기의 남자 집사님을 돕고 있습니다. 처녀로서 남자 집사를 돕는 게 힘들기에, 이 분을 살려주시면 결혼하겠다고 하나님께 약속한 뒤 지금은 약혼해서 각자 생활하며 돕고 있습니다. 데려온 딸은 그분의 전처 자식 중 하나이면서 제 딸입니다. 저를 이곳에 보내신 이유가 분명히 있으리라 생각합니다. 제 사정을 모두 알려드렸으니 진실하게 사역하겠습니다."

첫날부터 나에 대한 모든 소개를 성도에게 가감 없이 했다. 예상외로 반응이 뜨거웠다. 시원시원한 전도사가 부임했다며 좋아했다. 하나님이 영이 충만하고 솔직한 종이 왔다며 반가워해 주셨다. 아직 어린 순희와 함께 지내며 전도사로서의 사역을 시작했다. 들은 대로 교회는 내부적인 암투 때문에 시끄러웠다. 교회 내 분파가 생기고 말도 안 되는 이야기들이 지어지고 있었다. 이미 이런 모습을 봐 왔던 나는 무조건 말씀에 비추어 사역했다. 예수님이 가르치신 '네 이웃을 네 몸같이 사랑하라.'라는 계명을 강조했다. 상대방이 오 리를 가자면 십 리를 가주고 겉옷을 벗어달라며 속옷까지 벗어주는 사랑을 말했다.

"집사님, 사람이 하는 말 믿지 마십시다. 오직 성경 말씀대로 만 사십시다."

"장로님, 하나님은 살아계십니다. 분명히 살아계셔서 곁에 계십니다. 그러니 그것을 믿고 무조건 사랑만 하십시오. 그게 뜻입니다."

그러나 나를 청빙한 최 목사님이 끝내 견디지 못하고 사임하시면서 교회에 주의 종은 나 혼자가 되었다. 졸지에 교회를 책임지게 된 나는 이미 잡혀 있는 대심방을 시작으로 목사님 하실 일까지 대신하며 성도들과 가까워졌다. 창전교회는 꽤 규모가 있었기에 수십 개의 구역이 있었다. 하루에 몇 구역을 돌아다니며 심방하고 복음을 전하고 성도들을 관리했다.

"전도사님이 오시니 교회가 자리잡혀가는 것 같습니다."

"전도사님, 우리 집 심방 좀 와주십시오."

교회는 차츰 정리되고 암투를 일으키던 세력들도 잠잠해졌다. 몇몇은 교회를 떠나기도 했지만 남아있는 교인들을 다독이고 사랑을 베풀며 사역을 이어갔다. 당시 우리 교회에는 유명 인사들이 꽤 많이 다녔다. 박정희 대통령 시절 재무장관을 역임하며 한강의 기적을 이룬 남덕우 장관의 모친과 부인, 한센병의 아버지라 불리던 차윤근 박사와 그 부인되는 권사님 등 정·재계 인사가 계셨다. 그분들로 인해 하나님의 일을 하는 데 많은 도움도 받았다. 특히나 처녀 전도사로 폐병 환자와 가족을 돌보고 있다는 사실에 감동해 여러모로 많이 도와주셨다.

지금도 그 생각을 하면 받은 사랑을 어찌 다 갚을까 싶다. 그저 내가 할 수 있는 그들을 위해 하나님께 도고 기도를 드리는 것뿐이다.

신촌창전교회의 사역은 전도사 생활의 황금기였다. 전도사로서 다양한 경험과 경력을 쌓고 사역했다. 부흥하는 교회의 체계를 세우고 교류하고 하나 되게 하는 사역을 이루었다고 생각한다. 큰 교회 사역자로서의 자긍심도 갖게 한 곳이었다. 이곳으로 인도하신 주님께 감사할 뿐이다.

나는 선한 싸움을 싸우고 나의 달려갈 길을 마치고 믿음을 지켰으니
이제 후로는 나를 위하여 의의 면류관이 예비되었으므로
주 곧 의로우신 재판장이 그 날에 내게 주실 것이며
내게만 아니라 주의 나타나심을 사모하는 모든 자에게도니라

딤후 4:7-8

The Devotion

평생 사역자로의
헌신

부르심을 따라

"전도사님, 심방 부탁드립니다."

"전도사님, 기도 좀 해주세요."

창전교회 전도사로 헌신하며 쓰임을 많이 받았다. 교회는 부흥했고 갈라졌던 교회가 하나가 되었다. 종일 성도들과 만나고 예배하며 성도들과 가깝게 지냈다. 그게 내가 할 일이라고 생각하며 최선을 다했다. 그러다 보니 성도들은 나를 언제나 부르면 뛰어오는 사람, 기도를 부탁할 수 있는 사람으로 인식했다. 하나님은 이런 나를 긍휼히 보셔서 사역의 능력을 더해주셨고 힘을 주셨다. 개인 사정을 알고 있던 성도들은 처녀 전도사가 힘든 일을 한다며 많은 도움과 사랑을 주었다.

담임목사님께서 이사하면서 쓰던 사택이 비워져, 그곳으로 이사했다.

'아… 이젠 맘껏 기도할 수 있겠네요. 주님 감사합니다.'

교회 바로 옆이라 언제든 예배당에 가서 기도할 수 있어 좋았다. 이사한 뒤, 서울로 올라오게 한 전 집사에게 방 한 칸을 내주었다. 이제 전 집사의 건강도 돌봐야 했다. 훌륭한 의료진에게 검진받아야겠다는 소원이 생겼다. 하나님께서는 이미 사람을 예비하셨다. 차윤근 박사의 부인인 위선주 권사님이셨다.

"전도사님, 남편에게 전요한 집사님 부탁해 봐요."

"권사님, 영광입니다. 지난번 병원에서는 살 가망이 없다고 했습니다."

"살길이 열릴지 누가 압니까?"

"아멘입니다. 주의 종을 도우란 목소리를 똑똑히 들었습니다. 하나님이 그분을 주의 종으로 삼겠다는 약속으로 믿습니다. 차 박사님께 부탁드립니다."

차윤근 박사는 무신론자였다. 보건사회부 국장을 비롯해 국립소록도병원장, 국립의료원장, 한국어린이재단 회장 등을 역임하며 한센인들의 아버지로 존경받았지만 신앙은 없었다. 위 권사님은 남편에게 젊은 처녀 전도사가 폐병 환자를 돕고 있다는 이야기를 전했다. 홀아비 환자를 돌보며 결혼까지 생각하고 헌신한다는 말에 차 박사님은 감동하였다.

"거 참. 젊은 전도사가 대단하구먼. 진짜 주의 종이네."

그리고는 공주결핵병원으로 우리를 연결해 무료로 치료받을 수 있도록 힘써 주었다. 하나님의 응답이었다. 전 집사와 함께 공주결핵병원으로 향했다. 갑자기 솟아난 희망의 싹을 붙잡았다. 여전히 기침하는 그를 붙잡고 여러 검사를 마쳤다.

"전요한 씨. 솔직히 말씀드리면 폐가 거의 없는 상태입니다. 지금으로선 폐를 소생시키는 건 불가능합니다. 폐병이 너무 오래되고 치료가 이루어지지 않아서 손 쓸 방법이 없네요. 죄송합니다."

"흐흐흑… 하나님."

희망이 와르르 무너졌다. 가장 훌륭하다는 병원에서 손을 들었다면 이제 다른 방법은 없다는 뜻이다. 전 집사가 더 실망했다. 괴로운 표정 속에 슬픔이 드러났다. 의사로부터 선고를 받고 나니 오히려 가야 할 길이 명확해졌다.

"전 집사님, 병원 치료는 포기합시다. 이젠 하나님께 맡깁시다."

"그래요, 전도사님. 오히려 후련합니다. 하나님이 데려가시면 가고, 살려주시면 살겠습니다."

둘이서 병원 앞뜰에 무릎 꿇고 앉아 눈물로 기도했다. 사는 것도 죽는 것도 주의 뜻이었기에 기도만 하기로 다짐했다. 건강이 회복되어 뭔가를 한다는 건 말이 되지 않았기에, 주의 종으로서 응답을 실천에 옮기기로 했다.

"전 집사님, 하나님이 주의 종으로 쓰시려는 것 같습니다. 신학을 해봅시다."

"폐병 환자가 신학을 공부할 수 있겠습니까?"

하나님은 이미 사람을 예비하고 가야 할 곳을 준비하셨다. 장로회신학대(현 웨스트민스트신학대학원)에 입학할 수 있는 길이 열렸다. 입학까지 일사천리였다.

숨이 끊어질 듯 기침하는 폐병 말기 환자가 주의 종의 길을 걷기로 했다. 이 소식은 교인들에게 믿음의 도전이 되었다. 병에서 완전히 낫는 것만이 응답이 아니다. 병중에서도 하나님의 뜻을 발견하고 인도하심에 따라 한 걸음씩 나아가는 모습도 응답이다. 하나님은 주의 종의 탄생을 준비하셨다.

주의 종 전요한,
신학교를 졸업하다

"김 전도사님, 고맙습니다. 제가 신학교를 가게 될 줄 어찌
알았겠습니까!"

"제가 아닙니다. 하나님이 하신 일입니다."

전요한 전도사는 아픈 몸을 이끌고 공부했다. 하루의 반 이
상을 기침하는 사람이 공부하려니 얼마나 힘들었을까. 죽을 각
오로 공부하니 학업 성적이 우수했다. 늘 미안하다고 말하며
생활했다. 심한 기침을 짜증내며 피하는 사람도 있었다. 그러
나 사람들의 따가운 시선은 장애가 되지 않았다. 고난 가운데
훈련하시는 하나님을 만나며 영성이 깊어졌다. 병을 고스란히
안고 공부하니 고달프기도 했다. 아플 때는 그저 기도밖에 없
었다. 고난이 깊어질수록 생을 바치는 기도는 더욱 쟁쟁했다.

"주여, 저를 하나님의 종으로 삼아주시옵소서. 오로지 복음을 위해 충성하겠나이다."

하나님은 전요한을 간증의 도구로 삼으셨다. 얼마 지나지 않아 교육전도사로 일하게 하셨다.

"김 전도사님, 은성교회에서 교육전도사로 함께 사역하자고 합니다."

"그래요? 잘됐습니다. 그런데 일하실 수 있겠습니까?"

"제 사정을 아시는 목사님께서 추천해 주신 자리라 가야 할 것 같아요."

"대환영입니다. 직접 사역해 보시면 큰 도움이 될 겁니다."

"그나저나 폐 끼치는 건 아닐지 모르겠습니다."

"그런 말 마십시오. 하나님이 주신 기회면 하나님이 끌어가십니다."

은성교회에서는 사택도 주었다. 어머니와 지낼 곳까지 마련되니 내 마음이 가벼웠다. 전요한 전도사는 수업이 있는 날에는 학교에 가서 공부하고, 그 외의 시간은 교회에서 일했다. 은성교회는 훗날 은성수도원을 설립하신 엄두섭 목사님이 시무하신 교회다. 목사님의 훌륭한 인품과 성서적이고 경건주의적 신앙이 토대인 곳이라 안심되었다. 어려운 일이 있거나 처리해야 할 일을 의논하면 내 일처럼 도와주었다. 함께 기도하며 4년간 교육전도사로서의 시무와 학업을 마칠 수 있었다.

나는 틈틈이 은성교회를 찾았다. 갈 때마다 어머니가 그의

전요한 목사의 장신대 졸업식을 마치고

곁에 있다는 사실에 감사했다. 어머니 덕분에 전 전도사는 편하게 공부하고 사역하며 몸을 돌볼 수 있었다. 나 역시 창전교회 사역을 하며 그를 돌볼 수 있었다. 어머니의 역할이 커서 감사했다. 어머니는 오히려 나를 고마워하셨다. 생면부지의 처녀 전도사가 병든 아들을 주의 종이 되기까지 돕고, 결혼까지 계획하니 꿈만 같다고 하셨다.

"김 전도사님, 정말 고맙습니다."

"어머니, 하나님이 전요한 전도사 낫게 하시면 결혼할 텐데 이제 말씀 놓으십시오. 그리고 고맙단 말은 마십시오."

늘 겸손히 고맙다고 말씀하시는 어머니가 계셔서 마음이 푸근했다. 4년이 빠르게 지났다. 하나님의 은혜로 전요한 전도사는 약 한 첩 쓰지 않고 생명을 이어갔다. 좋은 성적으로 학업을 마치고 교육전도사로서의 사역도 잘 했다. 모두가 놀라워했다. 예상하지 못한 일이었다. '과연 되겠어?' 의심 어린 눈으로 바라보던 이들에게 전요한 전도사의 졸업은 하나님이 살아계시다는 증거였다. 그를 보며 생명을 주관하시는 하나님을 보게 되었다. 병과 싸우면서도 꿈을 통해 확신을 주신 하나님의 말씀을 붙잡았던 그의 소망이 가져온 기적이었다.

성도 0명으로 시작한
고양제일교회

"전도사님, 저 강도사 고시에 합격했습니다."

"하나님, 감사합니다. 정말 수고하셨습니다. 아픈 몸 이끌고 공부에 전도사 생활에… 참 고생하셨습니다."

전요한 전도사는 강도사가 되었다. 하나님의 기적이 계속 일어나고 있었다. 소식은 창전교회에도 전해졌고 교회 성도들도 한마음으로 기뻐했다.

"전도사님, 정말 하나님이 살아 계시네요. 그분이 신학을 마치고 강도사까지 되셨다니…."

"그렇죠? 하나님은 정말 살아 계세요. 성도님이 함께 기도해 주시고 도와주신 덕분입니다."

내가 주의 종으로 부름을 받을 때보다 더 기뻤다. 하나님이 돕길 원했던 주의 종이 준비된 길로 가고 있어 기쁜 마음이었다. 그러나 사람인지라 마음 한편에서는 다음 발걸음에 대한 염려도 있었다. 모든 길을 하나님이 인도하시리라 믿었지만 현실이 캄캄해 한숨이 나오기도 했다.

'주님, 전요한 강도사를 어찌할까요? 저 몸으로 다른 사역지를 갈 수도 없고 교회를 개척해야 목사가 될 수 있을 텐데요.'

갈 곳이 마땅치 않아 고심하던 전 강도사에게 심상도 목사가 찾아왔다. 경기도 고양시에 군인 아파트가 들어서니 그곳에서 개척하면 어떻겠냐고 했다. 목사 안수를 받으려면 교회를 개척해야 하는데 어떠한 준비도 없었다. 재정은 물론, 아무 연고도 없는 곳에서 어떻게 시작해야 할지 몰랐다. 건강 문제도 큰 어려움이었다. 모든 게 막막했다.

"김 전도사님, 저는 오늘 죽어서 천국 가도 이상할 게 없는 사람입니다. 복음 전하는 일만 할 수 있다면 그걸로 만족합니다. 그걸 못한다면 살 이유가 없지요."

"강도사님, 우리 기도합시다. 하나님이 채워주셔서 여기까지 왔잖습니까. 하나님의 뜻이 개척이라면 분명히 길을 열어주실 겁니다."

함께 기도하면서 하나님의 뜻이 개척에 있음을 알게 되었다. 어느 날 시간을 내어 심 목사님이 말씀하신 고양동을 갔다. 1970년대 고양동은 시골이었다. 대부분 농토였고 조그만 상점이 동네 상권의 전부였다. 쓰레기 더미와 농사짓는 몇 사람만

이 눈에 띄었다.

"아저씨, 여기 뭘 짓습니까?"

"군인 아파트가 들어온답니다. 근처에 큰 군부대가 있습니다."

아파트를 짓기 위해 땅을 파고 뼈대를 세우는 모습이 눈에 들어왔다. 그 모습을 보니 이곳에 개척해야겠다는 마음이 생겼다. 전 강도사도 같은 생각이었다. 신촌으로 돌아와 예배당 바닥에 무릎 꿇고 기도했다. 도무지 방법이 떠오르지 않아 답답했는데 기도 중 지혜가 떠올랐다.

'그렇지! 그 집사님을 찾아가면 방법이 있을 수도 있겠구나.'

성도 중 은행장이 있었다. 은행은 돈을 융통해 주는 곳이니 방법이 생길지도 모르겠다 싶어 무작정 집사님을 찾아갔다. 심방과 전도로 뛰어다니던 내가 은행에 찾아오니 깜짝 놀라며 맞아주었다. 집사님께 그간의 사정을 이야기했다. 감사하게도 집사님의 도움으로 집 한 칸 얻을 돈을 대출받았다. 내 이름으로 된 통장은커녕 지갑 하나 없었는데 대출을 받아 통장이 생기니 기분이 묘했다. 이 빚을 어찌 갚을까 걱정되기도 했다. 하지만 지금까지 필요할 때마다 채워주시는 주님을 경험했기에 크게 걱정하지는 않았다.

대출을 받아 바로 강도사님을 찾아갔다. 빨리 개척할 길을 열어줘야 했다. 한참을 돌아다니다가 건물 한 채를 발견했다. 대부분 단층 건물이었는데 이비인후과 병원이 있는 2층이었다. 29평의 외관도 깨끗해 마음에 들었다. 예배 장소로 손색이 없었고 살림 공간도 마련되어 있어 안성맞춤이었다. 강도사도 만족했다. 누구나 처음 시작은 미약하나 하나님이 원하시고 복 주시면 창대하게 하실 것을 믿고 계약을 진행했다.

1973년, 경기도 고양군 벽제읍 139번지에 고양제일교회가 시작되었다. 예수교장로회 경기노회에 속했다. 고양동은 낙후된 곳으로 예수를 모르는 사람들이 많았다. 복음의 불모지였으나 교회를 개척하는 사역자에게는 최적의 장소였다.

개척 예배를 드리는 날, 성도 한 명 없는 교회 예배당이 꽉 찼다. 선하신 하나님께서 외로움을 덜어주시려 사람들을 보내주셨다. 노회 목사님들을 불러 모으셨고, 신촌창전교회의 성도들도 참석했다.

"이제 전요한 강도사가 시무하시는 고양제일교회 개척 예배를 하나님 앞에 드리겠습니다."

교회로서 갖춰진 것이 제대로 없었다. 오로지 십자가 예수만 바라보는 심정으로 꾸민 예배당이었다. 십자가를 바라보는데 감사의 눈물만 흘렀다. 전요한 강도사도 기쁨과 감격의 눈물을 흘렸다. 우리의 사정과 지나온 삶을 알고 있는 이들도 함께 울었다. 사는 것도 죽는 것도 주의 은혜라는 고백으로 사역이 시작되는 자리인 만큼 간절한 마음으로 기도했다. 오직 아버지 하나님만 의지하며 나아가길 결단했다.

개척 당시 고양제일교회의 성도는 한 명도 없었다. 하나님 아버지께서 채워주실 것을 믿고 시작했으니 개의치 않았다. 기도로 중보해주는 목회자와 동역자들이 함께했으니 감사할 뿐이었다.

피를 토하는
기도

"어머니, 예배드립시다."

"네. 오늘도 성도는 저 혼자입니다."

"괜찮습니다. 하나님이 채워주실 겁니다."

전요한 강도사는 폐 한쪽이 없다 보니 몸은 한쪽으로 기울어졌고 기침은 끊임없었다. 그런데 신기하게도 강단에 서면 기침이 잦아들며 딴사람이 되었다. 설교는 벽력 같았다. 누가 듣던, 듣지 않던 복음 앞에서 세상의 것들과 타협하지 말라고 선포했다. 하나님 외에 다른 것을 우상으로 삼는 인간의 본성을 꾸짖었다. 설교를 듣고 있으면 그의 삶이 간증이 되어 나오는 말씀이라는 생각에 은혜가 되었다. 어서 빨리 복음을 모르는 이들에게 들려지길 기도했다.

성도가 하나둘 모였다. 군인아파트가 완공되면서 군인 가족들이 온 것이다. 박필순 성도가 딸 서혜숙과 함께 출석했고, 군인 가족 몇몇이 등록하니 6~7명 성도가 모였다. 자발적으로 찾아왔기에 더욱 감사했다. 그들은 폐병 걸린 목회자의 강력한 설교에 은혜를 받았다.

하지만 곧 시련이 시작되었다. 희망이 보이기 시작한 목회에 브레이크가 걸리기 시작하였다.

'쿨럭쿨럭.'

전 강도사의 기침 소리가 심상치 않았다. 설교시간만큼은 힘을 얻어 복음을 전했는데 급격히 쇠약해진 것이다. 신촌에서 사역을 마치고 고양동으로 갔는데 어머니가 걱정스러운 표정으로 나를 맞았다.

어머니를 따라 방에 들어가니 전요한 강도사가 누워 있었다. 심상치 않았다. 숨이 넘어갈 듯한 기침 소리도 들리지 않고 쌕쌕거리는 숨소리만 컸다. 인기척에 눈을 떴지만, 눈동자에 초점이 없었다. 밥 한 숟가락 넘기지 못하고 며칠 전부터 누워 있었다고 했다. 그르렁그르렁 숨소리를 내다 가슴에 가득 차오른 피를 토해냈다. 각혈이 심했다. 폐가 없으니 피가 그대로 쏟아져 나올 수밖에 없었다. 각혈로 흥건히 젖은 수건이 방안 여기저기 놓여 있었다.

"하나님, 주의 종을 이렇게 데려가십니까? 아버지, 어찌합니까!"

동네에 병원도 없었지만 병원에 간다 한들 방법이 없었다. 한참 동안 피를 쏟더니 정신을 잃었다. 전요한 강도사는 간신히 생명을 붙들고 있었다. 어머니와 나는 아무 말도 할 수 없었다.

"강도사님, 저 누군지 알아보시겠습니까?"

" … "

"하고 싶은 말씀 있으시면 하십시오."

" … "

가슴에 가득 찬 피를 쏟아낼 기력조차 없어 숨쉬기 힘든 전 강도사는 퀭한 눈으로 나를 바라보았다. 수년간 하나님의 명령을 지켜 그를 살려보겠다고 애썼다. 하지만 끝나가는 인생을 보며 안타까웠다. 그가 살아날 확률은 1%도 없었다. 전 강도사는 간절한 눈으로 나를 보았다. 어머니에 대한 염려였다. 아픈 자식으로 고생하신 어머니를 두고 가야 하는 미안함이 느껴졌다.

"강도사님, 어머니는 걱정하지 마세요. 제가 힘껏 돕겠습니다. 그러니 걱정하지 말고 편안히 하나님 앞으로 가십시오."

목소리가 떨렸지만 눈물은 보이고 싶지 않았다. 그의 손을 잡고 하나님 앞에 평안히 가기를 기도했다. 새벽예배를 위해 나는 신촌으로 가야 했다. 마지막 버스를 타고 나오며 어머니께 말했다.

"어머니, 혼자 계시게 해서 죄송합니다. 교회에 맡은 역할이 있으니 가야 합니다. 일이 생기면 바로 연락하십시오. 제가 준비하겠습니다."

"알았습니다. 전도사님, 우리 아들… 힘들겠지요?"

"… "

나는 선뜻 대답하지 못한 채 버스에 올랐다. 버스에 오르자마자 눈물이 나왔다. 신촌에 도착할 때까지 눈물이 그치지 않았다. 병약한 그가 불쌍했다. 혼자 남겨진 어머니의 심정이 폐부를 찔렀다. 몹쓸 폐병에 걸려 가족에게도 버림받은 아들을 천국으로 앞서 보내야 하는 심정이 느껴졌다. 제대로 먹이지도 못하고 치료도 받지 못한 채 앞서 보내는 어머니의 마음이 느껴져 하나님께 울며 매달렸다.

교회로 가 엎드렸다. 강대상 앞에 앉아 펑펑 울며 기도했다. 죽어가는 영혼을 위해, 불쌍한 어머니를 위해 부르짖고 또 부르짖었다. 고양동에서는 어머니가 아들을 위해 기도하며 울었다. 아들은 자신의 생명을 하나님께 맡기며 기도하였다. 나는 저들의 영혼을 불쌍히 여겨 달라고 기도했다. 그날 밤, 하나님은 세 사람의 연합된 기도를 들으셨다.

기적의 종,
살아나다

    밤새도록 기도했다. 그저 불쌍히 여겨달라고 기도하다 깜빡 잠이 들었다. 꿈속에서 나는 예배당에 서 있었는데 예배당에는 성도들이 가득 찼다. 환한 불이 켜진 성전이 정말 아름다웠다. 그런데 성전을 밝히던 등이 엄청난 소리와 함께 깨지면서 유리 파편들이 머리 숙여 기도하는 성도들에게 떨어졌다.

    '어이쿠, 이 일을 어째?'

    깜짝 놀란 나는 유리 조각을 수습하려고 다가섰다. 순간, 장면이 바뀌며 캄캄했던 성전에 환한 불이 켜졌다. 놀라운 광경이 펼쳐졌다. 깨진 유리 조각은 온데간데 없고 이전과 비교할 수 없는 큰 등이 성전을 비추고 있었다. 수십 년이 지난 지금도 그 불빛이 기억에 남는다. 환한 등을 쳐다보다 잠에서 깼다.

'희한한 꿈이네.'

꿈의 의미를 알지 못한 채 기도를 이어갔다. 새벽예배 후 잠시 집에 들렀다. 장례를 준비해야만 할 것 같았다. 무엇보다 순희에게 연락을 놓치지 않도록 단단히 일렀다.

"순희야. 할머니한테 전화가 올 거야. 그러니 전화기 옆에 꼭 붙어 있어. 소식 오면 바로 엄마한테 알려야 한다."

나는 순희에게 단단히 이른 후 나갔다. 심방을 하면서도 마음은 고양동에 있었다. 그런데 이상했다. 저녁이 되어도 연락이 없었다. 결국 일을 마치고 급히 고양동으로 향했다. 걱정된 마음으로 교회 문을 여는데, 예상과는 달리 어머니가 웃으며 나를 맞았다.

"전도사님, 오셨어요?"

"어머니, 왜 연락이 없었습니까?"

"연락할 일이 없어서요."

"네?"

"한번 들어가 보세요."

서둘러 방문을 열었다. 꿈에도 생각지 못한 모습이었다.

"김 전도사님, 어서 오십시오."

손을 들면서 인사를 건넨 사람은 전요한 강도사였다. 피를 토하며 죽을 날을 기다리던 사람이 꼿꼿이 앉아서 면도하고 있었다. 눈을 비비고 다시 보았다. 그가 맞았다.

"아니, 어쩐 일입니까?"

내 말 속엔 '왜 안 죽었습니까?'라는 의미가 포함되어 있었다. 강도사는 웃으며 금요예배 설교를 하겠다고 했다. 각혈은 깨끗이 사라졌다. 기침은 했지만 얼굴에 생기가 돌았다. 죽음의 문턱에서 하나님이 그를 돌이키신 것이다. 생각해보니 새벽녘 기도 중에 꾼 꿈이 이 상황이었다. 산산이 조각난 등을 새로운 환한 등으로 고쳐주신 하나님. 전요한이란 사람을 깨뜨리고 주의 종 전요한으로 고쳐주신 것이다.

'아… 하나님, 정말 주의 종으로 쓰시겠군요.'

하나님은 나만 아니라 전요한 강도사에게도 말씀하셨다. 생명이 꺼져가던 그에게 하나님이 찾아오셨다.

"전도사님, 하나님이 제게 불세례를 내려주셨습니다. 어젯밤 고통스러워 빨리 데려가시라고 기도했습니다. 그런데 생명이 끊어지려는 순간 하늘에서 불이 떨어졌습니다. 가슴으로 불이 쏟아지는데 갑자기 막혔던 피가 위아래로 쏟아져 나왔습니다. 한참 뒤 정신을 차리고 보니 온 몸을 가득 채운 피가 말랐고 숨이 쉬어지기 시작하였습니다. 하나님이 저를 불로 태워서 살리셨습니다."

울먹이는 그의 손을 붙잡고 기뻐서 눈물을 흘렸다.

살아계신 하나님은 우리의 기도를 들어주신다. 불쌍히 여기시며 당신의 약속을 절대적으로 지키신다. 하나님의 일하심은 사람이 감히 측정할 수 없고 제한할 수도 없다.

"하나님, 정말 감사합니다. 모든 영광을 받으시옵소서."

"하나님, 저를 살려주셨으니 이젠 생명 다하는 날까지 복음을 위해 생명 바치겠습니다."

그날 전요한 강도사가 전하는 말씀은 그 어느 때보다 뜨거웠다. 교인들은 죽음에서 건짐 받은 주의 종을 보며 살아계신 하나님을 체험했다.

"하나님께서 저를 살리셨습니다. 그렇다고 사라진 폐가 살아난 것은 아닙니다. 여전히 폐는 거의 없고 기침은 계속합니다. 하나님만이 생명을 주관하십니다. 생명을 주관하시는 하나님의 권위 앞에 무릎 꿇읍시다. 모든 것을 맡깁시다."

그날은 고양제일교회가 부흥하는 시작점이 되었다. 전요한 강도사는 기적의 종이 되었다. 그는 복음을 전하는 데에 온몸을 바쳤다. 박필순 권사 가정과 엄섭일 집사, 이연신 집사 등이 등록하며 교회는 성장의 틀을 갖춰갔다.

1970년대 기복적인 성향의 기독교 메시지와는 달리 전요한 강도사의 설교는 철저하게 십자가 중심, 복음 중심이었다. 하나님은 진한 핏빛의 복음을 전하기 원하셨다. 그 도구는 전요한이었고 나는 그 도구가 잘 사용되게 돕는 역할이라는 것을 깨달았다. 나는 다시 살아난 주의 종을 잘 보필하고 돕기로 다짐했다.

부부의 연

"김예분 전도사, 오늘 목사 안수식에 올 때 결혼식이 있으니 그리 아세요."

"무슨 결혼식입니까?"

"전요한 목사와 김예분 전도사의 결혼식이죠."

"누구요? 저요?"

"아무 말 말고 오기나 해요. 그래도 결혼식이니 단장을 좀 하고 오는 게 좋겠네요. 알았죠?"

1974년 6월 17일, 갑작스러운 상황에 멍해졌다. 창전교회 목사님이 무슨 일이냐 물으셨다. 전요한 강도사의 목사 안수 예배 후에 결혼식이 있다고 전했다.

"그래요? 이걸 어쩐담? 전도사님은 일단 가서 단장을 좀 하세요. 저는 장로님들이랑 의논할 테니…."

목사님은 제직들에게 급하게 연락했다. 전도사의 결혼 소식을 듣고 제직들이 급하게 교회로 모여들었다. 어떻게 된 일이냐고 묻는데 할 말이 없었다. 나도 모르는 일이라는 말에 다들 웃으며 고양제일교회로 향했다.

생각해보니 전요한 목사를 알게 된 지 6~7년이 되었다. 그를 살려주면 결혼하여 돕겠다고 약속했었다. 지금껏 생명을 유지하고 주의 종이 되었으니 부부의 연을 맺는게 당연했다.

나는 꾸미는 것에는 관심이 없던 터라 무엇을 준비해야 할지 몰랐다. 옷장에 걸린 하얀 옷으로 웨딩드레스를 대신 했다. 원래부터 화장은 하지 않았기에 화장 없이 나왔다. 꽃가게에 들러 꽃 한 다발을 사서 고양동으로 출발했다.

고양동으로 가는 버스 안에서 그동안의 시간이 주마등처럼 지나갔다. 서른여덟에 결혼하게 되다니! 혼자 사는 셈 치고 도우라는 음성에 순종했는데 진짜로 결혼하게 되었다. 하나님의 계획은 우리의 생각과 예상을 뛰어넘었다. 평생 처녀로 복음을 전하겠다고 서원했었다. 그런데 하나님은 그런 나에게 부부의 연을 맺게 하셨다. 하나님의 뜻을 참 오묘하다.

강도사로 교회를 사역한 지 일 년여 만에 목사 안수를 받게 된 전요한 목사는 육신은 연약하나 누구보다 뜨거운 성령의 불을 품은 주의 종이 될 것을 서원했다. 그의 머릿속에는 복음뿐이었다. 오직 예수 생각만으로 가득 찼다. 세상에 존재하는 이

전요한 목사와 김예분 전도사의 결혼 사진

유는 오직 믿음의 전진뿐이었다. 은혜 가운데 목사 임직 예배
를 한 마쳤다.

"지금부터 전요한 목사와 김예분 전도사의 혼인 예배를 드리
겠습니다."

사역하면서 많은 예식에 참석했지만 내가 주인공이 되니 기
분이 이상했다. 그리고 책임감이 무겁게 느껴졌다. 이제는 지
아비로서 섬겨야 하니 기분이 묘했다. 혼인 예배를 마치고 나
는 서둘러 짐을 쌌다. 교회 일을 해야 했기 때문이다. 이 모습
을 지켜보던 분들이 손사래를 치며 만류했다.

"오늘 결혼식 하셨는데 두 분이 함께 보내셔야지요."

교회 목사님과 성도들은 신혼여행도 다녀오지 않을 수 있느냐며 혼내셨다.

"오늘은 교회 일은 생각하지 마시고 두 분이 좋은 데에서 지내고 오세요."

어찌할 도리가 없었다. 거부하는 것도 예의가 아닌 것 같아 따르기로 했다. 교회 장로님들과 노회 목사님들까지 한마음으로 비용을 마련해 주셨다. 여행을 한 번도 가 보지 못했던 나는 뭘 어찌해야 할지 몰랐다. 다행히 성도들의 도움으로 유성온천으로 신혼여행을 떠났다. 가슴이 떨리거나 설레는 여행은 아니었다. 하지만 전 목사가 이젠 남편이라고 생각하니 마음이 편안해졌다. 안정감 있게 동역할 수 있을 거란 기대가 생겼다.

"전도사님, 부족한 이 사람을 도와주고 부부의 연까지 맺어 주어 고맙습니다."

"그런 말 마십시오. 하나님이 전 목사님을 살려주어 결혼하며 돕도록 하시니 하나님의 뜻이지요. 목사님을 끝까지 돕겠습니다."

"고맙습니다. 그저 복음 전하는 일에만 열심히 합시다."

부부의 연은 맺었지만, 시작부터 동역자였던 우리는 남편 목사가 천국 갈 때까지 동역자로 지냈다. 목사님, 전도사님으로 평생 서로를 불렀다. 독립적으로 사역을 인정하며 활동했다. 우리를 보고 한 성도는 '동역자로서는 100점, 부부로는 0점'이라고 말했다.

　신혼여행에서 생각지도 못한 선물을 받기도 했다.

　"전도사님을 통해 좋은 옷, 좋은 음식 한 번 제대로 챙기지 못하셨는데 살림살이에 보태세요."

　결혼식에 들어온 축의금을 합하니 고양제일교회 집을 얻을 때 은행에서 빌린 금액과 같았다. 빚 때문에 가슴 한구석이 무거웠는데 내 마음을 아신 하나님께서 단번에 해결해 주셔서 숨통이 트였다.

　처음이자 마지막 부부 여행으로 하룻밤을 보낸 뒤 다음날 새벽이 되어 택시를 타고 교회로 왔다. 나는 창전교회 새벽예배를, 전 목사는 고양제일교회 예배를 인도하러 갔다. 새벽예배에 참석한 나를 보고 성도들은 기막혀 했다. 재미없는 부부라고 생각했겠지만 우리에게 세상 재미는 의미가 없었다. 하나님의 성전이 가야 할 곳이고 있어야 할 곳이었다. 그리고 복음 전하는 게 재미이고 기쁨이었다.

밀알의 헌신

남편 전요한 목사는 고양에서, 나는 신촌에서 사역하였던 어느날 전화가 왔다.

"전도사님, 기도 부탁하러 전화했습니다."

"무슨 기도 제목입니까?"

"40만 원만 있으면 교회 지을 대지가 생길 것 같습니다."

"아니 거기는 전부 농토지 않습니까!"

"이장님이 교회 지을 땅이 있다고 합니다. 그런데 재정이 없으니 전화 드린 겁니다."

"알겠습니다. 기도해봅시다."

전화를 끊고 마음이 복잡했다. 고양제일교회는 조금씩 성도가 늘면서 공간이 좁아 성전 건축에 대한 소망이 있었다. 그러던 차에 부지 이야기를 듣고 기댈 곳이 나밖에 없으니 부랴부랴 연락했을 것이다. 전화하려면 군인아파트로 가서 교환을 통해야 했다. 몸도 성치 않은 사람이 걸어가 전화했을 생각을 하니 마음이 무거웠다. 내가 할 일은 엎드려 기도하는 것뿐이었다. 40만 원이란 돈이 어디서, 어떻게 생길까? 인간적으로 염려되기도 했다. 그런데 기도 중에 임하는 평안은 인간적인 생각을 뛰어넘었다.

문 두드리는 소리가 들렸다. 아이를 업은 변 집사였다.

"전도사님, 우리 아이 좀 살려주세요. 경기를 심하게 해요."

다급한 목소리에 아이를 보니 눈동자가 돌아가고 사지가 뒤틀렸다. 아이를 내려놓고 힘을 합해 기도했다. 간질 환자 등을 위해 기도를 해 왔던 나는 간절한 소망을 담아 아이를 위해 기도했다. 거짓말처럼 아이가 잠잠해졌다. 이내 안정을 찾은 아이는 쌕쌕거리며 잠이 들었다.

"전도사님, 이제 살았습니다. 살았어요."

"하나님이 아이를 고쳐주신 겁니다. 믿음으로 기도하면 됩니다."

변 집사는 정말 고마워했다. 그러더니 대뜸 기도 제목을 물어왔다. 서로 기도하면 좋을 것 같아 고양제일교회 건축을 위해 기도를 부탁했다. 평소 변 집사는 경기하는 아이와 남편 김 집사의 사업을 위해 기도를 부탁했었다. 나 역시 순수하게 기도를 부탁했다. 그런데 다음 날 아침 전화가 걸려왔다.

"전도사님, 변 집사에요. 지금 신촌 로터리 버스정류장으로 빨리 나가세요."

"아니 왜요?"

"중요한 일이니 빨리 가 보세요. 가면 일승 아빠가 나와 있을 거예요."

"무슨 일인데요?"

용건만 말하고는 전화는 끊겼다. 그 길로 버스정류장으로 나갔다. 김 집사가 나를 기다리고 있었다. 무슨 일이냐고 물으니 대뜸 버스를 타자고 했다. 얼떨 결에 버스에 올랐다. 우리는 을지로 1가 제일은행에서 내렸다.

"전도사님, 기다리고 계세요. 제가 잠깐 들어갔다가 나오겠습니다."

영문을 모르고 기다리고 있던 내게 김 집사가 봉투 하나를 내밀었다.

"전도사님, 40만 원입니다. 이 돈으로 교회 대지를 사십시오."

어찌해야 할 바를 몰랐다. 그들의 어려운 형편을 알고 있는데 혹시 부담을 준 건 아닌지 마음이 두방망이질했다.

"집사님, 제가 기도를 부탁한 것이지 부담을 드리려는 게 아니에요."

"저희가 모르겠습니까. 이야기를 듣고 감동으로 드리는 헌금이니 받아주세요."

몇 차례 실랑이가 벌어졌다. 결국 김 집사의 강권으로 헌금을 받았다. 눈물이 나왔다. 하루 만에 받은 응답이었다. 지금까지 주의 일을 위해 기도했을 때 하나님은 한 번도 거절하신 일이 없었다. 하나님 원하시는 일이라서 그랬던 것 같다. 사심 없이 구했더니 긍휼히 여기시고 기도를 들어주셨다. 꿈꾸는 것 같은 마음으로 고양동으로 향했다.

"목사님, 김정태, 변성이 집사가 드리는 두 렙돈과 같은 헌금입니다. 말씀하신 부지를 제가 보지 못했지만 생각해보니 모르는게 나을 것 같습니다. 고양제일교회에 드리는 헌금이니 목사님이 알아서 사용하십시오."

전 목사님도 내 마음을 알아차렸다. 얼마 뒤에 교회 대지를 샀다는 이야기를 들었다. 그런데 김예분 이름으로 계약했다고 말했다.

"저는 언제 천국 갈지 모르니 저보다는 건강한 전도사님 이름으로 계약하는 게 맞는다고 생각했습니다. 제 이름으로 계약했다가 혹시 잘못되면 일이 복잡해질 테니까요."

어차피 이름이 중요하지 않았다. 교회의 주인은 예수님이시고 누구 이름이든 교회의 재산이 될 것이었다. 여기저기 쓰레기와 흙더미가 즐비하던 고양동에 하나님의 성전이 세워지게 되었다.

"하나님 아버지, 이곳을 위해 헌신한 영혼을 기억해 주십시오. 그들의 헌신이 헛되지 않도록 성전이 세워지길 기도합니다. 과부의 두 렙돈을 기억하신 주님께서 그들의 헌신을 기억하시고, 전요한 목사가 그 일을 올바르게 감당할 수 있도록 힘을 주옵소서. 이곳에 하나님의 아름다운 집이 세워지길 바라고 기도합니다."

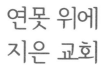

연못 위에
지은 교회

"여기가 대지라고요?"

순간 내 눈을 의심했다. 대지라고 사놓은 128평은 연못이었다. 연못 옆에는 쓰레기가 쌓여있었다. 속은 것 같아 속에서 뜨거운 것이 올라왔다. 이 일을 추진한 방향경 이장이 설명했다.

"전도사님, 고양동은 온통 농토입니다. 정부에서는 농토에 집을 짓지 못하게 합니다. 그런데 여기는 연못이라 농토에 포함이 되지 않았습니다. 이곳을 메우면 집을 지을 수 있습니다. 그래서 128평을 40만 원에 살 수 있었던 겁니다."

이야기를 들어보니 이해가 되었다. 하지만 대지만 마련되었지 성전을 어떻게 지을지 막막했다. 연못을 메워 성전을 건축해야 했다. 보통 일이 아니었다. 건강이 좋지 않은 전 목사가 이 일을 진행하기는 쉽지 않았다. 다행히 이장님이 성전 짓는 일에 적극적으로 나서주었다. 예수님을 믿는 사람은 아니었지만 하나님이 붙여주신 사람 같았다.

연못을 메우려면 우선 관의 허가를 받아야 했다. 그리고 흙을 구해 연못을 채워 땅을 만든 뒤 건물을 지어야 했다. 각종 자재를 실어 올 도로도 만들어야 건축할 수 있었다. 설명만 들어도 복잡했다. 또 모든 과정에 재정이 필요했다.

'하나님 아버지, 성전이 세워질 것을 보여주셨는데 도저히 방법이 없습니다. 이를 어찌합니까?'

하나님만 의지하며 기도했다. 하루는 김 집사가 나를 찾아왔다. 대지를 살 때 큰 도움을 받았던 터라 고맙고 미안한 마음이 컸다.

"전도사님, 교회 짓는 건 어찌 됐습니까?"

"대지는 잘 샀습니다. 교회를 짓는 일이 남았는데 생각보다 쉽지 않네요. 기도 중입니다."

"그래서 저희가 교회 짓는 데 건축헌금을 냈으면 합니다."

"아닙니다. 사업도 어려운데 무슨 헌금을 하신다고 합니까! 저는 창전교회 시무전도사인데 남편 교회에 헌금을 하신다니 그건 안 될 일입니다."

"하나님의 교회를 짓는데 내 교회, 네 교회가 어디 있습니까? 어려움 가운데 드리는 물질을 더 기쁘게 받지 않겠습니까? 마음의 소원이 생겨서 그럽니다."

또 한 차례 실랑이가 벌어졌다. 내 마음에는 그들의 헌신이 받아들여지지 않았다. 출석하는 교회가 아닌 다른 교회에 헌신하는 것을 성도들이 어떻게 볼지도 염려되었다. 하지만 부부의 마음은 확고했다. 부부의 아버지가 땅을 팔아서 드린 헌금이었다. 원래부터 시골에 교회 짓는데 헌신할 것을 약속하셨다고 했다. 그러던 참에 고양제일교회 건축 얘기를 듣고 그 뜻에 합당하다고 생각한 것이다.

"전도사님, 저희는 헌금하기로 했으니 그리 아십시오."

참으로 곤란한 상황이었다.

"집사님, 저는 빠지겠습니다. 두 분이 교회 건축에 헌신하고 싶으시면 직접 목사님을 만나세요. 저는 이 일에 대해 관여하지 않겠습니다."

부부는 전요한 목사를 찾아가 통장에 든 317만 원을 헌금했다. 317만 원은 희망의 빛이었다. 전 목사는 그들 부부를 위해 간절히 기도하며 감사했다. 마침내 고양제일교회를 건축하는 데 박차를 가할 수 있게 되었다.

연못을 메우는 일이 관건이었기에 허가를 받는 과정이 불안했다. 과연 저 땅 위에 교회가 세워질 수 있을지 걱정되었다. 그런데 그날 밤 하나님은 꿈을 통해 말씀하셨다. 꿈속에 연못이 나타났다. 깨끗하게 정리된 모습이었다. 어떻게 된 일인지 주위를 두리번거리는데 갑자기 밝고 환한 빛이 비쳤다. 빛나는 옷을 입은 한 형체가 연못을 삽으로 파고 있었다. 황금빛 모래가 나오더니 '이 땅도 좋은 땅이다'라는 음성이 들렸다.

소리에 놀라 잠에서 깼다. 의심하는 나에게 확신을 주시기 위해 주신 꿈이었다. 그날 이후로 연못에 대한 의심을 거두고 그곳이 황금 물고기를 낚는 터가 되길 기도했다. 실제 고양동이 재개발되면서 교회 자리가 고양동의 중심지가 되었다. 고양제일교회 대지는 하나님이 주신 황금 밭이었다.

그러나 나는 그곳에만 있을 수 없었다. 기댈 사람은 방향경 이장님뿐이었다. 신앙인도 아닌 방 이장님은 우리의 사정을 알고 흔쾌히 나서주었다.

"제가 예수를 믿지는 않지만 목사님도 그렇고 전도사님도 그렇고 정말 열심히 예수를 전하는 분이란 생각이 듭니다. 그 모습에 감동했습니다. 제가 끝까지 돕겠습니다."

"이장님, 고맙습니다. 하나님이 선택한 사람이 맞습니다. 주님의 이름으로 사랑하고 축복합니다."

그의 수고로 연못 메우는 허가를 받을 수 있었다. 연못 옆에는 개천이 흐르고 있었다. 개천의 콘크리트를 깨트려 연못을 메워갔다. 연못을 메우니 보기 좋은 대지가 되었다. 기초를 세우고 건물을 지어야 하는데 도로가 말썽이었다. 자재를 실어와 운반하기가 요원했다. 임시 도로 허가를 받고 도로를 만들어야 했다. 이 역시 방 이장님이 도와주었다. 하는 일마다 재정이 들어가니 본격적으로 성전을 지으려고 할 때는 통장 잔액이 남지 않았다.

전 목사는 일단 건축을 시작하기로 했다. 하나님이 채워주실 것을 믿고 건축 자재와 인력을 외상으로 얻었다. 기초가 세워지고 골격이 잡히는 동안 나는 창전교회에서 사역을 하며 소식만 전해 들었다.

그러던 어느 날 전요한 목사가 신촌으로 왔다.

"웬일이세요? 한창 교회에 계셔야 하는 거 아닙니까?"

"나 좀 도와줘야겠어요."

전 목사의 낯빛이 좋지 않았다. 분명히 교회 문제였다. 아니나 다를까 전 목사는 거의 쫓기다시피 왔다. 건축 대금을 정산해 주지 못해 난감한 상황이었다. 일단 사택에 쉴 곳을 마련하고 교회로 가는데 마음이 무거웠다. 이 상황을 어떻게 헤쳐나가야 할지 눈앞이 캄캄했다.

며칠이 흘렀다. 교회 성도들도 전 목사가 사택에 있다는 사실을 알게 되었다. 기침 소리가 담장 밖을 넘어서니 모를 리 없었다. 궁금해 묻는 성도들에게 아무 일도 아니라고 했지만 속은 타들어 갔다. 밤마다 예배당에서 눈물을 뿌리며 기도했다.

"아버지, 이제 어찌합니까? 성도들 보기에 부끄럽고 마음이 어렵습니다. 주님, 이 어려움을 헤쳐나갈 힘을 주옵소서."

얼마나 울며 기도했을까! 갑자기 우리 교회의 김기호 집사님이 떠올랐다. 그분을 통해 자금을 융통 받은 기억이 났다. 다음 날 집사님을 찾아 인천으로 향했다. 인천으로 가는 내내 기도했다. 기도 중에 떠올린 지혜이니 성령님께서 길을 보여 달라고 간구했다.

"전도사님, 여기까지 웬일입니까? 어서 들어오십시오."

단도직입적으로 사정을 설명했다. 당장 대금을 마련하지 않으면 부채 때문에 성전 건축에 걸림돌이 생기니 자금을 융통할 방법이 있을지 물었다.

"전도사님, 적금을 드세요. 그것을 담보로 대출해드릴 수 있습니다."

"알겠습니다. 적금 들겠습니다."

적금을 드니 대출금 300만 원이 나왔다. 다행히 그 돈으로 밀린 자재비와 인력비를 어느 정도 해결했다.

고양제일교회는 지붕이 덮어지고 외부가 조금씩 단장되었다. 공사 현장을 직접 진두지휘하지는 못해도 전 목사의 생각과 아이디어로 교회가 꾸며졌다. 전 목사는 혜안이 깊었다. 2층짜리 건물을 설계하면서 지하 3층까지 기반을 깊게 파 교회를 튼튼하게 짓도록 했다.

"제일교회는 언제든지 더 높이 쌓을 수 있도록 기초를 튼튼히 하십시오. 고양동에서 제일가는 하나님의 성전으로 이 일대를 복음화시킵시다."

수십 년이 지난 지금까지 교회는 튼튼하다. 이런 모습을 볼 때마다 하나님이 이 종을 귀하게 쓰시는구나 느낄 수 있었다.

교회가 어느 정도 외관을 갖추게 되었다. 교회를 완공하기에는 무리가 있어 교회 바닥은 공사를 완성하지 못한 채 흙바닥

고양제일교회 건축의 기초를 세우다.

에 장판을 깔았다. 1975년 12월, 연못 위에 지어진 고양제일교
회의 예배는 감격스러웠다.

"좋으신 하나님 아버지, 오늘 고양제일교회에서 드리는 첫
예배입니다. 버려진 땅에 교회를 세우신 것에 감사합니다. 가
장 낮게 오신 예수님을 본받아 이 교회도 낮은 자세로 성도를
섬기며 복음을 전하겠습니다."

첫 예배는 울음과 감동의 도가니였다. 아무것도 없는 상태에
서 교회를 세우신 하나님의 위대함을 체험하는 시간이었다. 또
한 죽음에서 삶으로 바뀐 주의 종 전요한 목사를 통해 살아계
신 하나님을 만나는 자리였다. 빨간 벽돌로 지어진 고양제일
교회는 동네에서 제일가는 건물이 되었다. 농토와 버려진 땅이

연못을 메우고 지은 고양제일교회

전부인 고양동에 빨간 벽돌로 높이 선 교회는 어디에서 봐도 가장 눈에 띄는 곳이었다.

전요한 목사는 복음으로 뭉친 주의 종으로 섰다. 건강이 좋지 않아 성도들을 찾아다니며 돌보거나 교회 내부적인 일은 거의 하지 못했지만 주의 종으로서 가장 중요한 말씀을 전하는 일만큼은 생명을 아끼지 않았다. 날마다 성경을 읽고 설교를 준비하고 예배에 생명을 바쳤다. 그의 설교는 벼락같았으며 서슬이 퍼랬다. 회개하지 않으면 천국에 들어갈 수 없다고 강조했다. 하나님을 전하지 않는 것은 곧 하나님 앞에 죄를 짓는 것이라고 했다. 언제나 천국에 갈 각오로 살아야 한다고 선포했다.

성도들이 늘어가기 시작했다. 죽음에서 살아난 종, 죽음을 불사하고 말씀을 전하는 종의 말씀은 성도들을 변화시켰다. 고양동 일대가 교회로 말미암아 조금씩 변화되기 시작하였다. 전 목사를 보면서 하나님의 약속은 일점일획도 변함없다는 것을 알았다.

시련 앞에서

　신촌창전교회를 섬긴 지 수년이 지났다. 창전교회 역시 부흥 일로를 달리며 성장하고 있었다. 성도와의 신뢰도 깊어졌다. 주의 일을 하겠다고 다짐할 때부터 하나님은 만남의 복을 주셨다. 어디를 가나 나를 아껴주는 성도들 발걸음으로 만났다. 창전교회에서도 즐겁게 사역했다. 사택 문턱은 성도들로 닳을 정도였다. 이곳에서 전도사로서의 사역을 마칠까 생각도 했다. 그런데 생각지도 못한 시련이 다가왔다.

　어느 날 교구에 장례가 나서 성도들과 장례 예배로 장지를 다녀왔다. 장례의 모든 일정을 마치고 고양동 일대를 지나게 되었다. 그때 창밖을 보시던 목사님이 뭔가를 발견하고는 말씀 하셨다.

"저 교회 참 잘 지었다!"

모든 이들의 시선이 목사님이 말하는 곳으로 향했다. 나 역시 그랬다. 알고 보니 그 교회는 고양제일교회였다.

"이런 동네에 어떻게 저런 교회가 지어졌을까요! 어떤 목사님인지 몰라도 참 잘 지었습니다. 멋있고 참 튼튼해 보입니다."

목사님이 연신 칭찬하셨지만 내 마음은 불편했다. 전요한 목사가 지은 성전이라고 소개하면 이 교회가 어떻게 지어졌으며 누구의 헌금으로 시작되었는지 알려야 할 것 같았다. 갈등이되었다. 하지만 모른 척 넘기거나 얼버무리고 싶지 않아 사실대로 말했다.

"목사님, 저 교회는 전요한 목사가 시무하는 고양제일교회입니다."

"뭐라고요? 전 목사가 교회를 지었습니까? 아니… 언제 어떻게 말입니까?"

"변 집사님과 김 집사님이 건축헌금을 하셔서 교회를 짓게되었습니다."

순식간에 목사님의 안색이 변했다. 사람의 표정이 어떻게 그렇게 확 변할 수 있을까 싶었다. 굳은 표정은 조금 지나 분노와 흥분으로 가득 찼다. 교회에 도착할 때까지 한마디도 하지 않았다. 괜히 말씀을 드렸다 싶었지만 솔직하게 말한 것을 후회하지 않았다. 그리고 큰 시련이 왔다. 목사님은 전도사가 성도를 꾀어 남편의 교회 세우는 데 헌금하게 한 것으로 생각하셨다. 얼마나 화가 났던지 그 길로 제직회를 소집해 이 일을 공론화했다.

"이런 일이 어디 있습니까? 전도사가 성도를 충동질하여 남편 교회를 설립하는데 헌금하게 하다니요!"

목사님은 한바탕 분을 내셨다. 그러나 제직회의 반응은 달랐다. 평소 나의 성품과 성향을 잘 알고 있던 분들이었다. 헌금을 강요했을 리 없고 성도가 섬기는 교회에만 헌금하란 법이 없다며 반문했다. 나 역시 설득하고 이해시키려 노력했다. 헌금한 집사님들 역시 기쁨으로 드린 헌금으로 교회에 잡음이 생기니 속상해했다. 자신들 믿음의 표시였고 의지였다고 말했지만 소용없었다. 살얼음판을 지나는 것 같았다. 대부분 나를 이해하고 지지해 주었지만 담임목사님이 분을 풀지 못하며 중상모략하니 괴로웠다. 날마다 울며 기도했다. 하나님의 성전을 세우기 위해 애를 썼는데 왜 이런 시련이 오는 것이지 물으며 엎드렸다.

주의 종으로 길을 걸어오면서 많은 사랑을 받았다. 하지만 사랑을 받은 대가를 톡톡히 치르기도 했다. 머무는 교회마다 성도들과 가족처럼 지내며 사랑을 받으니 질투하는 세력도 있었다. 복음을 전하고 엎드려 기도하는 것이 전부인 나를 시기질투하며 모함했다. 밤마다 성전 바닥에 엎드려 기도하는 것에 경쟁심을 갖기도 했다. 성도들이 기도를 부탁하러 오는 모습에 질투하는 동역자도 있었다. 오해와 인간적인 감정에 신경 쓰지

않겠다고 다짐하며 눈 질끈 감고 넘겼다. 일희일비(一喜一悲)했
다면 아무 일도 못 했을 것이다.

담임목사님은 성도가 자신보다 전도사인 나를 섬겼다는 사
실에 질투하셨다. 나를 배척하셨고 제직들은 곤란해 했다. 이
제 이곳에 있을 수가 없겠다는 생각이 들었다. 억울한 마음을
주님은 아시겠지하며 조용히 물러나기로 했다. 제직들은 만류
했지만 떠나는 게 맞았다.

"아버지, 아버지만이 제 마음을 아시지요? 그러면 됩니다. 더
는 교회에 분쟁을 만들고 싶지 않습니다. 제가 나가겠으니 사
역할 임지를 주십시오."

교회에 사임 의사를 밝히고 사역할 교회를 찾았다. 마침 대
길교회 박용묵 목사님이 연락을 주셨다.

"김 전도사, 임지가 있어요. 사당동 성산교회에서 전도사를
구합니다. 김 전도사를 추천했습니다. 성산교회는 큰 교회니
가서서 마음껏 주의 일을 할 수 있을 겁니다."

기쁜 마음으로 수락했다. 성산교회는 3천 명 정도 모이는 교
회였다. 하나님이 이젠 안정된 곳으로 옮기시려나 하는 마음이
들었다. 그러나 하나님의 뜻은 다른 곳에 있었다. 성산교회로
옮기려는데 고양제일교회에서 연락이 왔다. 교회 제직회에서
여전도사를 청빙하자는 안건이 올랐고 나를 생각하고 있다는
것이다.

고양제일교회는 30명 가까운 성도가 모이고 있었다. 몇 명의

제직이 세워졌지만 해야 할 일이 많았다. 담임목사의 건강이 좋지 않으니 전도사가 성도 관리와 교회 일을 도맡아 해야 했다. 교회 내부 공사도 마치지 못했다. 재정이 넉넉하지 않은 곳에 올 사람이 없었다. 담임목사의 아내이자 전도사이기에 내가 맞춤이라고 의견을 모았다고 했다. 순간 이곳이 내가 갈 곳이라는 생각이 들었다. 하나님께서 주의 종을 도우라고 한 것도, 이 교회를 어려움 가운데에 세우신 것도, 남편 목사를 도와 전도사로 가게 하시려는 것도 모두 하나님의 계획이라는 생각이 들었다. 물론 아쉬움도 있었다. 성도가 많고 조건도 훌륭하며 사례도 좀 더 나은 곳에서 맘껏 주님의 일을 하고 싶었다. 그런데 주님은 이내 위로를 주셨다.

"너 지금까지 나를 위해 흙바닥에 비닐포대 깔아놓고 부흥을 놓고 기도했잖니! 추운 겨울에도 가마니 덮고 벌벌 떨며 기도한 너를 기억한단다. 그러니 여기서도 그렇게 해라."

맞는 말씀이었다. 첫사랑을 회복해야 했다. 주님을 처음 만났을 때 주셨던 황홀한 기쁨과 감격을 회복시키려고 이곳에 보내셨다는 생각이 들었다. 이 마음이 들자 에스더처럼 '죽으면 죽으리이다.'라고 고백하며 결단할 수 있었다.

'떠남의 복'이라는 게 있다. 주님의 뜻을 모르고 '여기가 좋사오니' 머물러 있을 때가 많다. 주님은 안정감을 느낄 때 떠나라고 명령하신다. 아브라함에게도 야곱에게도 그랬다. 오늘을 살아가는 우리도 마찬가지다. 떠나는 당시는 괴롭고 두렵지만 떠나야 은혜 가운데로 들어갈 수 있다. 나에게 하나님은 떠남의 복을 주셨다. 안정적인 상황에서도, 생각지도 못한 광풍을 맞았을 때도, 예상치 못한 시련을 겪을 때도 떠남을 명령하셨다. 당시에는 괴로웠지만 막상 떠나니 새로운 곳이 가나안 땅이었다.

부부 사역의 시작

　1976년 6월 고양제일교회에 정식으로 청빙되었다. 고양동으로 와서 하나님께 약속했다. 광야 같은 이곳이 복음의 가나안 땅이 되도록 죽을힘을 다해 기도하고 전도하겠다는 것이다. 이사하는 날, 짐을 풀기도 전에 예배당 바닥에 엎드려 기도했다. 예배당 바닥에 엎드려 기도하던 습관은 이곳에서도 계속되었다. 봄, 여름에는 괜찮았지만 겨울이 되면 사정이 달랐다. 흙바닥 위에 깔아놓은 장판에서 한기가 올라왔다. 장판 사이로 서걱서걱 얼음 소리도 들렸다. 얇은 점퍼를 걸치고 기도하다 보면 온몸이 오돌오돌 떨렸다. 하나님은 불쌍히 여기시며 그 어느 것도 대체할 수 없는 따뜻한 팔로 나를 감싸 안아주셨다. 추위에 떨며 기도하면 어느새 뜨끈한 훈기를 더해졌다. 밤새도록 그 품 안에서 기도할 수 있었다.

이곳으로 오면서 또 한 번 지혜가 생겼다. 창전교회에서 받은 퇴직금으로 방 세 칸짜리 집을 마련했다. 당시 제대로 된 집이 없었는데 마침 교회 바로 옆에 있는 집을 사게 되었다. 주님의 예정이었다. 사택은 전 목사와 어머니, 아이들, 성도들이 생활하기에 안성맞춤이었다. 사택의 제일 독립적인 방 한 칸을 전 목사님을 드리고, 한 칸은 어머니와 성도들이 사용하는 방으로, 나머지는 아이들 방으로 만들었다. 훗날 이곳을 헐어 교육관으로 지어 교회에 헌납했다.

"전도사님은 어디 계실라고요?"

"저는 방 필요 없습니다. 매일 교회 나가서 기도하고 잠깐 들어와서 나가니 아이들 방에 있으면 됩니다. 신경 쓰지 마십시오."

평생 내 방 한 칸 없이 살아온 나로서는 당연한 일이었다. 어쨌든 사택이 생겨 목회에 더욱 집중할 수 있었다.

또 하나의 변화가 있다. 전요한 목사와 나 사이에 아들이 태어났다. 아들 성열이는 기적과 같이 선물로 온 자녀다. 전 목사와 결혼했지만 우리는 부부라기보다 동역자였다. 신혼여행에서 하룻밤 한방을 쓴 게 전부였을 정도로 각자 독립적인 생활을 했다. 하나님은 신혼여행에서 성열이를 허락하셨다.

결혼하고 나서 신촌창전교회에서 한창 사역을 하는데 어느 날부터 몸이 이상했다. 피곤하고 아랫배가 묵직한 것이 소화가 잘 안 되었다. 얼마 뒤 배에서 뭔가 움찔거리는 게 느껴졌다. 건강에는 자신이 있었는데 아무리 생각해도 뭔가 이상이 생긴 게 분명했다. 성도보다는 사모님께 상의하는 것 옳은 것 같아 의논을 드렸다. 배 속에서 뭔가 꿈틀대는 것 같다니 사모님이 크게 걱정하셨다. 병이 생긴 것 아니냐며 병원을 가자고 하셨다. 성도들 심방과 병문안으로 병원은 다녔지만 내 일로 병원을 간 것은 처음이었다. 나를 진찰하던 의사가 산부인과를 가보란다. 더욱 불안한 마음으로 산부인과를 가서 진료를 받으니 의사가 웃으며 말했다.

"축하드립니다. 아이를 가지셨습니다."

"임신이요? 아니에요. 그럴 리가 없어요."

함께 간 사모님이 손사래를 치며 부정했다. 내가 천연기념물이나 다름없는데 사람인데 무슨 임신이냐며 오진이라고 했다. 나 역시 그럴 리 없다며 고개를 저었는데 생각해보니 신혼여행이 떠올랐다. 사모님도 무릎을 치셨다. 임신 6개월 차란다.

"어떻게 지금껏 그것도 모른 채 계셨습니까? 자궁에 혹도 있습니다. 이대로 아이를 더 키울 수는 없으니 수술로 아이를 꺼내야 합니다."

아무것도 모르는 사람에게 임신이 웬 말이며, 게다가 산달도 채우지 못한 아이를 꺼내야 하다니. 이런 변고가 어디 있을까! 배에선 생명이 뛰노는 게 느껴졌다. 생각지도 않은 자녀가 찾아온 것에 얼떨떨했다.

전요한 목사와 김예분 전도사는 부부이자 동역자로 살았다.

시어머니는 무척이나 기뻐하셨다. 폐병 앓던 아들에게 자녀
가 찾아온 것에 감격하셨다. 성도들과 지인들도 고목에 꽃이
피었다며 큰 축복이라고 말했다. 생각해보니 그랬다. 부부의
연을 맺기 전부터 순희를 키웠고 부부가 된 후로는 전 목사의 4
남매의 학비와 생활비를 보탰다. 아이들은 어렸을 때부터 아버
지와 떨어져서인지 데면데면했다. 최선을 다해 도우려 했지만
부족함이 컸을 것이다. 이런 가운데 새 생명이 찾아왔다니 놀
라웠다. 하나님께서 자녀를 허락하신 뜻이 있을 것 같았다.

조산이라 장담할 순 없다던 의료진들을 위해 기도하며 하나

님께 맡겼다. 그리고 손톱도 눈썹도 없이 새카맣게 아들이 태어났다. 미숙아는 인큐베이터에 들어가야 하는데 병원에 인큐베이터가 없었다. 의료 장비가 턱없이 부족해 6개월 차에 태어난 아기는 생사가 불투명했다. 소식을 들은 교인들과 가족은 간절히 기도했다. 주신 생명을 거둬 가실 분이 아니라는 확신이 섰다. 그리고 간절한 기도에 응답이 왔다. 적십자 병원에 자리가 났다. 어떤 권사님의 손자가 갑자기 인큐베이터에서 나가면서 자리가 생겼다. 성열이는 인큐베이터에서 몇 개월을 보냈다.

그동안 나는 혹 제거 수술을 받았다. 아이를 돌볼 기력이 없었다. 시어머니와 성도들이 아이를 돌봐주었다. 작은 주먹도 안 되던 아이는 무럭무럭 자라 어여쁘고 바른 아이로 커 주었다. 성열이에게 고양제일교회는 고향이고, 사택은 가족과 성도가 함께 사는 공간이었다. 바쁜 나는 아이에게 젖 한 번 제대로 물리지 못했다. 사역을 다녔기에 엄마와의 정은 크게 없었다. 그래도 하나님께서는 바쁜 나를 위해 좋은 할머니를 두셔서 엄마 역할을 대신하게 하셨다.

아이가 자라면서 고양제일교회도 부흥했다. 군인아파트에 가족들이 들어오면서 자연스럽게 교인이 늘었다. 고양동이 개발이 늦고 어려운 곳이다 보니 살기 어려운 이들이 많았다. 그러면서 전도 대상자도 늘었다. 내가 할 일은 심방과 기도뿐이었다. 한 영혼이 교회로 오기까지 찾아다니고 기도해주고 권면

했다.

　교회는 내부 공사를 제대로 하지 못해 비가 새고 바람이 들어왔다. 하지만 가난이 부끄럽지 않았다. 하나님이 은혜의 빛을 비춰주실 것을 믿었기에 성도들과도 함께 기도했다. 이 모습을 안타깝게 여긴 한 집사님이 교회 유리창을 달아주셨다. 기도가 하나씩 응답 되었다. 기도 외에 이런 능력이 없다는 것을 몸소 체험했다.

산소호흡기 목사,
발로 뛰는 전도사

  고양제일교회에서 나는 전천후가 되었다. 예배, 부흥회, 말씀 선포는 전 목사가 맡고 나머지는 나의 몫이었다. 그러나 보니 예전보다 더 바빠졌다. 전요한 목사는 오로지 말씀 전파에 목숨을 걸었다. 바로 오늘 하나님 부르심을 받아 천국에 가도 이상할 것 게 없다고 말했다. 목숨을 걸고 말씀을 전하는 그는 성령을 받으라고 강권했다.

  "여러분, 복음에는 강력한 생명이 흐릅니다. 복음을 전하지 못한다면 제가 살아있을 이유가 없습니다. 그러니 생명이 붙어 있는 한 복음을 전할 것입니다. 복음을 받아들이십시오. 조금도 의심하면 안 됩니다. 믿기만 하면 됩니다. 왜 믿지 않습니까? 왜 의심합니까?"

평생 헌신한 고양제일교회에서 설교하는 김예분 전도사

 강단에 선 전 목사는 불꽃같았다. 그 시간에 다 타고 사라질 것 같았다. 한쪽 어깨가 처진 채 들썩일 정도로 기침했지만 강대상 앞에 서면 기침이 그쳤다. 그리고는 성령의 불을 받아 열정적으로 설교했다. 거침없는 목소리로 설교를 하면 성도들이 은혜를 받았다. 건강이 너무 나빠져 숨쉬기가 곤란할 땐 산소 호흡기를 단 채 설교하기도 했다. 전요한 목사의 설교는 그 자체로 은혜였다.
 말씀이 강력하게 흐르고 성도들과 교제하며 전도사로서 사역을 보필했더니 교회는 빠르게 안정되었다. 구역이 늘고 여전도회가 꾸려졌다. 나는 전도사 역할뿐 아니라 사찰 집사, 식당 봉사자의 일도 했다. 겨울이면 톱밥을 날라 난로를 피우고 불이 꺼지지 않도록 지켰다. 식당이 없어 사택에서 식사를 준비했다. 장마철에 교회 옆 개천에서 물이 넘쳐 교회가 잠기면 물도 퍼 날랐다.

"전도사님, 아무개 집사님네 일이 났어요."

누군가 소식을 들려주면 밥을 하다가도 뛰어갔다. 어떤 일인지 알아보고 중재하며 기도했다. 한밤중에 아픈 아이를 안고 사택으로 뛰어오면 그 자리에서 아이를 눕혀 놓고 기도했다. 성도 한 사람 한 사람이 가족이 되었다. 전도에 총력을 기울였다. 고양동은 시골과 다른 바 없었다. 도심에서 밀려 이곳으로 왔기에 대부분 형편이 어려웠다. 예수님을 모르는 이들에게 복음을 전할 때 핍박도 많이 받았다. 조롱과 비웃음을 숱하게 들었다. 해코지를 당하기도 했다. 그러나 방해가 아무렇지 않았다. 복음을 받아들이지 못하는 그들이 안타까울 뿐이었다.

"전도사님, 광탄 쪽에 친척이 살고 있는데 전도하고 싶어요."

"주소를 알려주세요. 찾아가 보겠습니다."

버스 시간을 맞추기 어려워 걸어 다녔다. 웬만한 거리는 구두를 신고 뛰어다닐 정도였다. 고양동에서 광탄까지는 걸어서 두 시간이었다. 하지만 상관없었다. 한 영혼이라도 하나님 앞에 데리고 오는 것, 혼인 잔치에 많은 이들을 초대해 데리고 오는 게 내 역할이었다. 고양, 파주, 광탄 할 것 없이 무조건 전도하러 다녔다.

멀리서 찾아왔다는 말에 마음을 열어 준 이들도 있지만 문전

박대당하기도 했다. 말씀을 잘 받는 이를 만날 땐 너무 기뻐 눈물 흘리며 세례 문답까지 진행했다. 문전박대 당할 땐 생명을 주러 오신 예수를 잘 전하지 못한 것 같아 회개했다.

위험천만한 일을 겪기도 했다. 한번은 추운 겨울날 심방을 가게 되었다. 하필 그날따라 함박눈이 내렸다. 심방 할 가정은 광탄에 있었다. 한참 버스를 기다리다 걸어가기로 했다. 구두를 신고 눈보라를 뚫으며 겨우 심방 할 가정에 도착했다. 멀리서 교회에 출석하는 것이 고마워 간절히 예배를 드리며 심방을 마쳤다. 돌아오는 길 산 언덕을 오르다가 눈밭에 쭉 미끄러졌다.

"아아아악."

데굴데굴 굴렀다. 한참을 미끄러져 뚝 떨어졌다. 천국에 가겠다는 생각이 들면서 잠깐 정신을 잃었다. 눈을 떠보니 눈밭이었다. 손가락을 까딱하니 움직였다. 눈발이 얼굴 위로 사정없이 쏟아졌다. 가까스로 몸을 일으켜 보니 다행히 움직였다. 다시 살아나게 하셨으니 하나님이 더 힘써 일하라고 하시는 것 같았다. 그런데 허리가 끊어질 듯 아팠다.

'아버지, 살려주셔서 감사합니다. 그런데 살려주셨으니 아픈 허리도 치료해 주옵소서.'

전도하러 다녀야 하는데 허리가 아픈 것은 큰 낭패였다. 얼마간 아픈 허리를 부여잡고 울며 다녔다. 병원에 가 볼 여력도 없어 그저 기도로 버텼다. 다행히 은퇴할 때까지 버틸 힘을 주셨다. 문제는 허리 통증이 고질병이 되었다. 은퇴한 뒤 병원에 간 적이 있다. 여러 검사를 하고 사진을 확인한 의사가 대뜸 말했다.

"어르신, 젊었을 때 높은 데서 떨어지셨죠? 그때 제대로 치료 안 받으셨고요?"

"어찌 아십니까?"

"허리 사진에 다 나와 있습니다. 엄청 아프셨을 텐데 어떻게 버티셨어요?"

"제가 워낙 바쁘게 일하다 보니… 엎드리지만 않으면 견딜만 했습니다."

"무슨 일하시길래 높은 데서 떨어지셨습니까?"

"복음 장사 합니다."

"네? 무슨 장사요? 복음이라면 아하, 기독교?"

비기독교인인 의사도 복음 사역의 절실함과 열정을 이해했다. 수술도 못 하고 내 십자가가 되었지만 하나님은 평생 견딜 힘을 주셨다. 아파 기도할 땐 뜨거운 성령의 불을 내리어 고통을 사라지게 해주셨다. 통증으로 엉금엉금 기어 울며 기도하니 거짓말처럼 닳은 연골이 부드러워져서 걸을 수 있게 하셨다.

부부사역은 전적인 하나님의 계획이었다. 산소호흡기를 차고 설교하는 목사, 발로 뛰는 전도사를 짝지으신 하나님의 계획에 영광을 돌린다.

기적이 일상이
되는 교회

다급하게 찾아오는 성도들을 만나는 게 일상이었다. 하나님 앞에 자랑할 것이 없지만 그래도 자신 있는 것은 성도들을 위한 기도의 열심이다. 기도 부탁을 받으면 소홀히 한 적이 없다. 교회의 월급을 받는 자로 성도를 위해 기도하는 것은 당연한 일이다. 그들의 피 같은 헌금으로 사역자는 쌀을 얻는다. 그렇기에 그들의 생명 같은 헌신이 고마워 최선으로 기도했다. 전 목사와 나에겐 기도의 책무감과 사명감이 있었다. 그리고 기도만이 살길이라 여겼다. 예배당이 집이었고 기도의 공간이었다.

하나님은 우리 부부의 열심을 지나치지 않으셨다. 우리가 치는 양무리가 하나님의 자랑이 되게 하셨다. 전요한 목사의 설교는 신유의 능력이 있었다. 본인이 꿈과 환상 가운데 기적을 체험했기에 설교에 힘이 있었다. 성도들은 설교를 듣는 가운데 기적을 경험했다.

한 번은 예수를 믿지 않는 사람이 교회에 왔다. 뇌 질환이 중한 상태였다. 병원에서도 손을 쓸 수 없을 정도였다. 죽을 날만 기다리고 있는 그가 우리 교회를 만난 것이다. 그날도 전 목사는 서슬이 퍼렇도록 강한 설교를 했다. 갑자기 그가 자신의 머리를 감싸 안더니 탄성을 질렀다. 가까이서 보니 얼굴빛이 환하게 빛나고 입가에 미소가 흘렀다.

"목사님, 제가 나았습니다. 머리가 깨끗해졌어요. 목사님 설교를 듣는데 가슴이 뜨거워지면서 머리에서 뭔가 벗겨지는 느낌이 들었습니다. 그러더니 이제 아프고 무겁던 머리가 완전히 가벼워졌습니다. 저 나은 것 같습니다."

할렐루야! 새신자는 그 길로 병원을 찾았고 뇌 질환이 완전히 고침받았다는 소식을 들었다. 그는 목사님께 받은 은혜를 갚겠다며 목사님이 드실 농작물은 따로 재배해 가져왔다. 그는 지금까지 건강히 살아있다.

우리 교회에는 유난히 병자들이 많이 찾아왔다. 특히 간질을 앓는 자들이 많았다. 대발작부터 소발작까지 어린아이부터 어른까지 간질환자가 많았다. 마찬가지로 간질 발작이 멈추며 괜찮아지는 일이 부지기수였다.

"여러분, 기적은 과거에만 있지 않습니다. 지금 이 자리에 살아계신 하나님이 역사하십니다. 믿기만 하십시오."

자폐아도 고침 받았다. 지금 그 아이는 대학을 졸업해 어엿한 청년이 되었다. 초대교회 성도들이 부활의 메시지를 전하며 나눌 때 각색 병자들이 나았던 것처럼 고양제일교회에도 신유의 기적이 일어났다.

교회 시작부터 함께한 할머니 집사가 전 목사의 설교를 들으며 내게 이렇게 말했다.

"전도사님, 정말 전요한 목사님은 하나님이 쓰시는 큰 종인가 봐요. 지금도 천사들이 옹위하고 있잖아요. 저 뒤를 보세요. 천사들이 목사님을 에워싸고 있네요."

기도와 신유의 은혜가 넘치니 고양제일교회는 이름처럼 고양동에서 제일가는 교회가 되었다. 말씀과 기도, 부흥을 향한 열정의 삼박자가 있는 교회였다. 동네 사람들이 나서서 교회를 홍보해주었다. 새로 이사 온 사람들에게 우리 교회에 나가라고 권해주기도 했다.

"고양제일교회 나가봐요. 거기 가면 복 많이 받습니다. 병자도 고침 받고 또 부자도 된다고 합니다."

성도가 찾아오는 교회, 마을에서 인정받는 교회가 되었다. 하지만 교회는 정착하는 성도가 적었다. 군인아파트를 생각하며 교회를 건축했기에 2년마다 근무지를 옮기는 군인 성도들로 정착률이 낮았다. 나나 전 목사나 성도들이 바뀌고 옮겨가는 일이 당연하다고 여기면서도 안타까웠다. 오죽하면 속말을 잘 하지 않는 전 목사가 한탄했다.

"김 전도사, 우리는 양만 치고 젖은 못 짜나 봐요."

현실이 그런 것을 어쩌겠는가. 그런데 생각지도 못한 일이 벌어졌다. 고양동 일대가 개발되면서 군단이 들어오게 되었다. 군교회도 함께 들어왔다. 게다가 군단장인 장로님은 군교회로 출석하라고 명령했다. 상명하복이 원칙인 군인은 명령을 어길 수 없었다.

"전도사님, 죄송하게 됐습니다."

아쉽고 서운한 마음이 왜 없었겠는가. 하지만 아무 말도 하지 않았다. 이렇게 말하는 그들의 심정은 오죽할까. 많은 군인 가족이 군교회로 떠났다. 살점이 뜯겨나가는 심정이었다. 그럼에도 그때 우리 교회에서 신앙을 지키겠다고 결단한 성도가 있었다. 군단장의 명령을 어긴다는 것은 어떠한 불이익도 감내하겠다는 것이다. 그들의 결단이 고마웠다. 진급의 유익을 구해 교회를 옮기는 건 옳지 않다고 생각한 것이다. 우리 부부는 그들을 위해 많이 기도했다.

하나님은 이 일로 또 한 번 놀라운 열매를 보여주셨다. 우리 교회에서 믿음을 지킨 두 성도만 진급하였다. 바람에 겨가 날리듯 교회를 옮겨간 이들은 진급에서 누락되고 걱정스럽게 바라보던 두 사람만 진급한 것이다. 이 일은 성도들에게 신선한 충격을 주었다. 자신의 유익을 구하지 아니하고 오직 섬기는 곳에서 헌신하는 믿음을 하나님이 기뻐하신다는 것을 알게 되었다.

언젠가 가만히 헤아려 보니 우리 교회를 거쳐 간 군인 가족 성도들이 대략 3만 8천 명이 된다. 참 많은 영혼이 고양제일교회에서 은혜를 받고 은혜를 끼쳤다. 감사한 일이다. 하나님은 선한 열매들을 맺게 하시며 해마다 부흥하게 하셨다. 고양동을 넘어 주변 지역까지 지경을 넓혀주셨다. 살아계신 하나님이 삶으로 체험되고 기적이 일상이 되는 것을 눈으로 보는 교회가 되었다.

그러므로 너희는 가서 모든 민족을 제자로 삼아
아버지와 아들과 성령의 이름으로 세례를 베풀고
내가 너희에게 분부한 모든 것을 가르쳐 지키게 하라

볼지어다 내가 세상 끝날까지 너희와 항상 함께 있으리라 하시니라

마 28:19-20

The Vision

세계를 향한 꿈,
영혼을 향한
비전

살아있음이
기적이다

신촌창전교회를 사임하고 얼마 지나지 않아 차윤근 박사의
아내 되는 위 권사의 연락이 왔다.

"전도사님, 저 차 박사랑 옥신각신했어요."

"아니 왜요? 두 분 사이가 얼마나 좋으신데…"

"전도사님 때문에요."

"저 때문에요? 왜요?"

"전도사님 남편 되시는 전요한 목사님 때문이 맞겠네요. 차
박사가 전도사님 이야기를 묻길래 남편 목사님이 살아나 목회
하고 있다고 하니 안 믿더라고요. 죽어가는 사람이 어떻게 설
교를 하느냐고 우기던지."

"그랬습니까? 여기 와서 확인하시면 되겠네요."

사역에 많은 도움을 주셨던 차윤근 박사 부부와 함께

차 박사가 다음 주 주일 권사님과 함께 우리 교회를 찾았다. 전 목사의 상태를 확인하고 싶었나 보다. 그날 전요한 목사는 여느 날처럼 설교했다. 뜨겁고 열정적으로 모든 에너지를 쏟아냈다. 설교를 들은 차윤근 박사는 그만 넋을 잃고 말았다.

"전도사님, 저게 어떻게 가능합니까. 의사로서 저 사람은 죽은 거나 다름없는데 저렇게 살아서 설교하고 있다니…. 이거야말로 기적입니다. 폐 없는 사람이 여태껏 살아있다니 정말 하나님이 계시군요."

차윤근 박사는 그날로 하나님이 살아계시다는 것을 인정했다. 믿음을 받아들이지 못해 애를 먹던 위 권사님도 전요한 목사를 통해 남편이 변화 받았다며 은혜라고 했다. 훗날 차윤근 박사는 생애 마지막에 예수님을 영접했다. 전요한 목사의 손을 잡고 영접기도를 하며 기쁘게 천국 가신 모습이 눈에 선하다.

하나님은 병자가 낫는 교회, 은혜가 충만한 교회로 고양제일교회를 세워가셨고 전 목사를 세워가셨다. 매일같이 기침을 쏟아냈지만 날마다 말씀을 연구하고 묵상하며 영성이 깊어졌다. 나는 교회 일로 바쁘게 다니면서도 밤이면 전 목사의 방을 기웃거렸다. 혹시나 무슨 일이 생기지는 않았을까 귀를 기울이곤 했다. 잔기침 소리가 들리면 '아, 살아있구나. 아직 하나님이 안 데려가셨구나.'하며 안도했다.

언제 하늘나라로 갈지 알 수 없던 그가 고양제일교회를 개척하고 40년 넘게 목사로 헌신했다. 그는 하나님의 살아계심을 보여주는 증거였다. 하나님의 기적과 역사는 인간의 생각을 초월하신다.

날마다 신도의 수를
더하니라

"고양동에서 제일교회 김예분 전도사 모르면 간첩입니다."

<동아일보> 기자가 고양동을 취재하며 했던 말이다. 알아달라며 사역하지 않았다. 기사를 써달라고 부탁한 적도 없다. 그런데도 나를 그렇게 소개한 것을 보면 열심을 알아주었던 것 같다. 고양제일교회는 날로 부흥을 더 했다. 초대교회에 부어주신 은혜가 우리 교회에 쏟아졌다.

'하나님의 말씀이 점점 왕성하여 예루살렘에 있는 제자의 수가 더 심히 많아지고 허다한 제사장의 무리도 이 도에 복종하니라'(행 6:7)

성도들의 헌신으로 교회 내부 공사를 마치자 교인들이 점점 모여들었다. 간절한 마음을 가지고 나아오는 성도들이 많다 보니 하나님의 응답이 많았다. 자연스럽게 복 받는 교회라는 수식어가 따라다녔다.

교인이 늘면서 주일학교를 시작했다. 동네 골목마다 아이들이 북적였다. 전 목사는 공예배만 인도했기에 주일학교를 비롯한 다른 예배는 내가 맡았다.

"엘리야가 기도할 때 하늘에서 불이 내려왔어요. 불로, 불로 응답하소서 기도할 때 제단에 불이 떨어졌고 그것을 지켜본 바알을 섬기는 사람들은 너무 무서워서 달아났지요."

신학교 때부터 주일학교에 대한 소망이 컸다. 사역지마다 주일학교를 세웠기에 고양제일교회 주일학교도 수월하게 조직했다. 아이들의 순수한 신앙을 볼 때마다 때 묻은 나를 회개했다. 아이들의 순종에 나를 비춰보았다. 아이들과 함께 웃고 이야기하는 것이 좋았다. 세상의 멋도 세상의 재미도 몰랐지만, 오로지 달고 오묘한 성경 말씀을 전하니 아이들의 믿음이 자랐다. 재정이 부족해 과자 같은 간식을 나눠 줄 수 없었다. 하지만 말씀으로 꿀을 먹고 옥수수를 나눠 먹어도 만족했다.

"전도사님, 이번 주일학교 설교가 엘리야였어요?"

"아니 집사님이 그걸 어찌 아십니까?"

"우리 애가 집에 오더니 '불로, 불로' 그러더라고요. 그래서 엘리야 얘기인 줄 알았습니다."

이런 이야기를 전해 들을수록 어린 영혼들을 귀하게 여기며 힘써 진리를 전해야겠다는 사명감에 불탔다.

고양제일교회는 고양동의 마을 교회로 자리매김했다. 우리 교회에 귀한 일꾼이 모여들었다. 그중에 유치원 교사가 있어 교회 유치원을 세웠다. 고양동에는 제대로 된 유치원이 없었다. 교회가 교육기관 역할도 하면 지역사회에 도움이 될 것 같았다. 교회 교사를 비롯한 정식 교사를 초빙한 뒤 제일유치원을 개원했다. 여기저기서 아이들이 왔다. 그들은 자연스럽게 제일교회 교인으로 자랐다.

중고등학생을 매일 아침 교회 차로 서울까지 등교시키면서 학생들이 교회로 모여 들었다. 부흥의 물결이 흘러넘쳤다. 학생회가 조직되고 청년부가 생겼다. 강대상 아래까지 비좁게 앉아 예배를 드렸다. 여전도회, 남전도회가 조직되고 각종 기도회와 성경학교를 열었다. 구역이 늘어나 날마다 구역 가정을 돌며 심방 했다.

하루에 30가정을 다니며 성도들과 만났다. 가난하고 어렵게 사는 이들이 많았다. 날마다 심방을 하다 보니 피곤해 입술이 부르텄다. 교통도 불편해 먼 거리를 걸어 다니니 발바닥은 굳은살이 박여 곰 발바닥이 되었다. 게달의 장막이 따로 없었다. 교회나 성도의 사정 모두 여유롭지 않아 물 한 모금 나눠 마시는 게 전부였다. 그럼에도 서로를 위해 기도하면 그것만큼 풍성한 일이 없었다. 간혹 미숫가루라도 한 잔 타주면 그게 그토록 고마웠다.

"전도사님, 먼 길 오셨는데 뭐 드릴 것도 없고…."

"무슨 말씀을 하세요. 우리에겐 풍성한 하나님이 계시는데 못 먹으면 어떻습니까? 우린 영의 양식만 먹으면 됩니다. 그러니 힘내십시오."

양적으로 질적으로 부흥했지만 내 주머니는 늘 비어 있었다. 하나님이 주시면 쓰고, 안 주시면 안 쓰며 살았다. 심방을 마치고 돌아오는 길에 버스비가 없어 걸어오기도 했다. 튼튼한 다리를 주셨으니 걸어가면 됐다. 찬송을 흥얼거리며 교회까지 걸어왔던 날이 많았다. 물론 좋으신 하나님은 종의 수고를 그냥 두지 않으셨다. 복음 전하는 일에만 신나서 뛰어다니다 보면 주머니에 돈이 있는지 없는지 모른다. 어느날 피곤한 몸으로 버스를 기다리고 있는데 저 멀리서 누군가 뛰어왔다.

"전도사님, 김 전도사님…."

우리 교회 성도였다. 반가운 마음에 벌떡 일어나 그분과 인사를 나누는데 주머니에 지폐 한 장을 넣고 도망치듯 달아났다.

"전도사님, 차비 하세요. 많이 못 드려 죄송합니다."

감사한 마음으로 정류장에 앉아 주머니에 손을 넣고 깜짝 놀랐다. 집사님이 전해준 지폐 한 장뿐이었다.

'내가 돈이 하나도 없었구나. 아버지, 감사합니다. 주님께서 나의 필요를 채워주셨군요.'

고양제일교회 주일학교의 부흥은 교회 성장으로 이어졌다.

　하나님은 생각지도 못한 상황에서, 미처 내가 알 수 없는 세심한 부분까지 신경을 써주셨다. 덕분에 어디를 가도, 어떤 상황이 와도 두렵지 않고 담대하게 주의 길을 갈 수 있었다. 우리 교회는 멀리서 오는 성도들이 많았다. 그들을 볼 때 마음이 아팠다.

　'주님 어떻게 하면 좋겠습니까?'

　하나님은 단박에 문제를 해결하셨다. 인근 군부대의 승합차 한 대를 중고로 사게 되었다. 교회 차가 있으니 성도들을 마음껏 태워올 수 있어 편리했다. 그러다 대형버스를 살 여력도 생겼다. 교회 버스가 생기니 작은 승합차에 비할 바가 아니었다. 마음껏 수련회, 야유회 등 다양한 행사를 기획할 수 있었다. 교회 버스를 타고 온 동네를 넘어 전국을 다니며 복음을 증거하던 모습이 지금도 선하다.

교회는 흥왕했다. 교육관도 세우고 교회도 증축했다. 고양 일대에서 가장 빠르게 성장하는 교회가 되었다. 김예분 전도사를 모르면 간첩이란 이야기가 나온 것은 고양동뿐 아니라 인근 지역까지 복음을 전했기 때문이다.

쓰레기 더미뿐인 곳, 연못 한가운데에 세워진 고양제일교회는 하나님 우선주의, 예배제일주의로 사역하며 흥왕했다. 예수의 보혈과 부활의 능력, 천국의 복음을 정직하게 전하였다. 성도들은 예수님을 닮아가려고 애썼다. 초대교회 성도에게 임한 기적이 일어나며 고양제일교회는 크게 부흥했다.

세계를 향한
시선

전 목사의 건강 상태는 여전했다. 하나님은 그에게 육체의 가시를 완전히 제하시지 않았다. 기침과 가래를 안고 살았다. 병원에 가봐야 방법이 없기에 열이 오르거나 아플 땐 그저 기도하며 기다렸다. 사도 바울은 육신의 가시를 제거해 달라고 세 번이나 기도했다. 그러나 하나님은 '내 은혜가 네게 족하다'고 말씀하셨다. 아마도 전 목사가 가진 육신의 가시도 하나님의 은혜였던 것 같다.

하나님은 연약한 종을 통해 많은 일을 준비하셨다. 1982년 전요한 목사에게 중책이 맡겨졌다. 대한예수교장로회 총회장이 된 것이다. 몸 약한 종을 총회장으로 세운 것은 오로지 복음밖에 모르는 진실함과 청빈함, 후배들에 대한 사랑이 컸기 때문이다. 목회자들 사이에서도 고양제일교회는 부흥하는 교회, 복음주의 교회로 알려졌다. 교단 총회에서는 전요한 목사에게 함께하길 간청했다.

"전 목사님, 교단 일을 도와주십시오."

"건강치 못한 몸이 무슨 보탬이 될 수 있을지 모르겠습니다."

"그런 말씀 마십시오. 힘든 몸에도 교회 사역을 해나가시고 부흥하는 교회로 이끌고 계시지 않습니까. 교단 목회자들에게 큰 힘이 될 겁니다."

"저야 하나님께 쓰임 받는 대로 쓰일 것이니 도울 일 있으면 돕겠습니다."

처음에는 상황이 열악했다. 노회도 하나밖에 없었다. 고양제일교회와 같이 부흥일로에 있는 교회들이 합류하여 버텨주는 게 큰 힘이 되었다. 전 목사 역시 건강 때문에 활동이 제한적이었지만 최선을 다했다. 총회가 열리는 날에는 힘든 몸을 이끌고 참석하여 총회장으로서 해야 할 책무를 다했다. 행동이나 실행에서는 제한이 있었어도 두뇌는 비상했다. 교단을 이끌어가는 아이디어가 번뜩였다. 특히 자신이 어렵고 아픔 가운데 있기에 목회자들을 하나로 모으는 능력이 탁월했다.

"목사님, 이번에 노회를 조직할까 하는데 좀 도와주십시오."

교회로 찾아가 진심을 담아 이야기하면 마음이 상했던 이들도 화합하여 일꾼이 되었다. 전 목사는 사심 없이 일했다. 하나님은 그가 할 일이 많다고 생각하셨는지 총회일도 잘 감당케

하셨다.

"목사님, 총회장직 힘들지 않으세요?"

"김 전도사, 그래도 바른 신앙을 추구하며 아픔을 불사하고 만든 교단인데 죽을힘을 다해 충성해야지. 그렇지 않으면 천국 가서 하나님 뵐 낯이 있나. 교회 일은 김 전도사가 알아서 하니 그거 믿고 총회 일을 합니다."

전 목사는 67~69회까지 총회장직을 맡았다. 그후 71~72회, 74회에도 총회장직을 맡아 소임을 다했다. 그러는 동안 노회가 17개로 소속 교회가 300개로 늘어났다. 모두가 총회장인 전 목사를 좋아하고 존경하며 함께해 주었다.

아름다운 결단도 내렸다. 교단이 한창 성장할 때 대한예수교 장로회에서 나온 합신 측에서 교단 연합을 제안했다. 전 목사는 순수한 마음으로 합신과 연합을 결단했다. 합신 역시 대한예수교장로회에서 파생된 교단으로 보수에 속한다. 디모데전서 3장 15절에 나오는 말씀을 근거로 바른 신학과 바른 교화, 바른 생활을 이념으로 개혁주의적 신앙 운동을 펼쳐나가는 교단이다.

합신과의 연합에 여러 말들이 나왔다. 전 목사는 순수한 마음으로 교단 연합을 제안했다. 그 어떤 기득권도 요구하지 않고 소속된 교회를 설득하며 하나 됨을 부탁했다. 워낙 사심 없이 일하는 것을 알고 있던 상당수 교회가 합신과의 연합을 찬성했다. 반대한 교회도 있었지만 어쨌든 전 목사의 결단으로

전요한 목사는 목숨을 걸고 선교지를 찾아갔다(브라질 상파울로)

오늘날 합신이 올바른 방향으로 가고 있으니 감사하다.

전례 없이 여섯 차례나 총회장을 지낸 전 목사였지만 이름도 빛도 없었다. 하지만 그런 건 염두에 두지 않고 언제라도 교단이 필요하다고 부탁하면 도왔다. 총회장을 감투처럼 여기지 않고 충성된 종이 되어 일했다. 이름을 내놓는 일을 싫어해 조용히 일했다. 교단이 점점 왕성해지며 교회 세우는 일에도 앞장섰다.

1980년대 합신측에서 세운 교회만 해도 200개가 넘었다. 개혁주의적 신앙의 기치를 세우려는 교회들이 세워지면서 교단도 단단해졌다. 교회를 세우기까지 총회의 지원과 선배 목회자의 조언이 필요했다. 전 목사는 최선을 다해 도왔다. 교회를 세우는 일이라면 아픈 몸을 이끌고서라도 나갔다.

"하나님 가장 기뻐하시는 일인데 부름을 받더라도 가야지."

세계선교에 대한 열정도 컸다. 해외 선교사 파송을 하고 해외 선교지에서 초청이 오거나 교회를 세울 때도 함께했다.

"목사님, 이번에 상파울루에 오실 수 있습니까? 개척 예배를 드리는데 목사님 꼭 오셨으면 합니다."

요청을 받으면 전 목사는 죽음을 무릅쓰고 비행기에 올랐다. 평생 비행기는 타지 못하고 죽을 줄로만 알았던 그였다. 그러나 하나님은 하늘의 길도 열어주셨다. 폐가 거의 없는 상태에서 비행기를 타면 산소 부족으로 호흡 곤란이 올 수 있다. 이 때문에 항공사는 폐 환자의 탑승을 제한한다. 그러나 전 목사는 물러나지 않았다. 만류하던 항공회사 측에서는 결국 백기를 들었다.

"무슨 일이 있어도 회사에 책임을 묻지 않겠다는 각서를 쓰면 태워드리겠습니다."

"좋습니다. 그렇게 하겠소."

매번 비행기에 오를 때 전 목사는 각서를 썼다. 죽으면 죽으리란 심정으로 비행기에 올라 세계선교 현장을 누볐다. 필리핀 원주민들을 대상으로 선교하는 현장에도 가고, 브라질 상파울루에 교회가 세워지는 현장에도 갔다. 건강한 사람과 비교할 수 없는 체력이었지만 하나님은 새 힘을 주셨고 걸음을 옮기셨다. 그가 가는 곳마다 살아계신 하나님이 증거되었다. 사람들은 그의 얼굴을 보는 것만으로도 은혜를 받았다. 전 목사는 생애 마지막까지 해외 선교에 온힘을 다 바쳤다.

전요한 목사의 교단 활동은 고양제일교회 성도들에게도 영향을 미쳤다. 성도들의 시야가 넓어졌다. 세계선교에 헌신한 담임목사의 영향으로 해외 선교에 대한 의식이 생긴 것이다.

침 놓는 전도사

지하철을 타고 가던 길이었다. 갑자기 전철 안에서 웅성거리는 소리가 들렸다. 쫓아가 보니 한 청년이 바닥에 쓰러져 있었다. 숨을 쉬지 못하고 입술이 파랗게 질려 있었다. 심장 쪽에 문제가 생긴 게 분명했다. 사람들은 발만 동동 구르며 어떻게 해야 할지 몰라 했다. 나는 얼른 가방 속에서 사혈침을 꺼내 청년의 손가락을 찔렀다. 검붉은 피가 나왔다. 팔을 주무르며 그를 위해 간절히 기도하는데 죽어가던 청년이 눈을 떴다. 지켜보던 사람들이 놀라워했다.

"학생, 정신이 들어요?"

"감사합니다."

"위험한 건 넘겼으니 병원에 가 봐요. 내가 놓은 건 사혈침인데, 갑작스럽게 혈이 막혔을 때 찌르면 금방 혈이 통하는 거예요. 나는 전도사고 침술자격증도 있어요. 하나님이 저를 사용해서 청년을 살려주신 겁니다."

정신을 차린 청년은 나에게 몇 번이나 고맙다고 인사를 하고 돌아갔다. 여기저기 흩어진 침 기구를 챙기며 감사 기도를 올렸다. 침술을 이용하여 생명의 위기에서 구했으니 얼마나 다행인가.

침술을 배우게 된 것은 한창 교회가 부흥할 때다. 하루 24시간이 모자랄 정도로 일하면서도 주의 종으로서 부족하다는 생각이 들었다. 교회에 병 낫기를 사모하며 오는 이들이 많아 그들을 위해 기도했다. 병자를 위한 기도는 진이 빠졌다. 인내가 무엇보다 필요했다. 그러다가 침술을 배우면 도움이 될 것 같은 생각이 들었다.

'하나님 아버지, 침술을 배우고 싶습니다. 아픈 사람을 보면 견딜 수가 없습니다. 기도로 당장 고치지 못하면 침이라도 배워 도움을 주고 싶습니다. 하나님 원하시면 길을 열어주세요.'

하나님의 뜻에 맞았는지 기독교침술봉사단과 연결되었다. 바쁜 시간을 쪼개어 침술을 배우러 다녔다. 8년 동안 수지침부터 채침까지 배웠다. 자격증을 따고 본격적으로 침술 봉사를 시작했다.

기독교침술봉사단은 국내 집회에 초대되어 봉사했지만, 해외에서도 활약했다. 하와이, 라스베이거스, 알래스카 등 외국을 다니며 집회를 하고 침술 봉사를 했다. 외국에 나갈 때면 나를 앞장세웠다. 경험담도 많지만 사시사철 입는 한복이 침술과 어울린다고 생각해서다.

"전도사님, 한복 입고 침을 놓으시니까 허준 같으세요."

"허준이요? 저는 하나님을 전하는 침술 봉사자이니 허준보다 훨씬 높은 사람입니다."

농담도 하며 혈이 막힌 부분에 침을 놓으며 기도해주었다.

하와이에 갔을 때다. 고국을 떠나 낯선 나라에서 어렵게 사는 이들을 만나면 마음이 아팠다. 그날 집회에 한 여성이 찾아왔다. 생활이 어려워 이민을 온 그 사람은 비행장에서 청소하며 살아가고 있었다. 그런데 어깨를 쓰지 못해 집회에 참석했다.

"어쩌다 어깨를 못 쓰게 됐었습니까?"

"비행장 청소하다가 비행기 날개에 아홉 시간을 매달려 있었습니다. 죽을 각오로 버티다가 구조됐는데 그 후 어깨를 못 쓰게 됐습니다."

눈물이 나왔다. 이민자들의 고통이 고스란히 느껴졌다. 간절히 기도한 뒤 침을 놓고 사혈을 했다. 그러자 놀라운 일이 벌어졌다. 어깨를 쓰지 못해 한쪽 어깨를 늘어뜨리고 왔는데 침을 맞은 뒤 어깨에 힘이 들어가며 어깨를 돌릴 수 있게 되었다.

어떤 사람은 걸을 수 없어 휠체어를 타고 들어왔다. 상황은 훨씬 심각했다. 둘이 손을 붙잡고 간절히 기도했다. 부족한 실력이지만 이 손길에 하나님의 도움이 임하게 해 달라고 기도했다. 엎드린 그에게 부항을 뜨고 막힌 혈을 찾아 침을 놓자 새카만 피가 나왔다. 그러더니 휠체어에서 내려 걷기까지 했다.

"제가 고친 것이 아닙니다. 하나님이 하신 겁니다. 하나님께 영광 돌리세요."

집회와 봉사를 다니면서 치유되는 일이 많았다. 침술 봉사를 한다는 사실이 알려지며 수시로 교인들이 찾아왔다.

"전도사님, 저희 애 좀 살려주세요."

아픈 아이가 오면 더욱 간절하게 기도했다. 애달픈 주의 종의 마음을 아시는 하나님은 응답하셨다. 병을 낫길 바라는 간절한 소원을 아시는 좋으신 하나님은 아픈 상황을 지나가게 하셨다. 완전한 낫기도 하고 순간적으로 상황이 호전되기도 했다. 응답이 없었던 적은 한 번도 없었다.

"김예분 전도사님 되십니까? 저는 민옥희 남편입니다."

"우리 교인이었던 민옥희 집사 말입니까? 어쩐 일이십니까?"

"불쑥 찾아와 죄송합니다. 지금 민옥희 집사가 전신 불구로 죽은 듯 누워 있습니다. 누워 있으면서도 입술을 달싹거리며 전도사님 얘기를 하는 것 같아서 물어물어 찾아왔습니다."

남편 되는 분은 주의 종이었다. 무슨 일인지 알 수는 없지만 민옥희 집사가 중풍으로 누워 있다는 말에 가만히 있을 수 없었다.

"목사님, 집으로 가십시다. 앞장서십시오"

도착해 보니 민 집사의 상태는 생각한 것보다 나빴다. 다 쓰러져가는 교회, 아무도 올 것 같지 않은 교회 한 구석에 민 집사가 반송장이 되어 누워 있었다. 눈물이 왈칵 쏟아졌다. 그동안 무슨 어려움이 있어 이렇게 되었나 싶어 손을 붙들고 기도했다. 그는 입도 돌아가 말도 못 하고 그저 눈물만 흘리고 있었다. 무조건 고쳐달라는 기도가 나왔다. 매일 그 집에 가서 기도하고 침을 놓았다. 보름 정도 지나니 그가 조금씩 몸을 움직였다. 돌아간 입도 제자리를 찾아갔다. 남편 목사가 대소변을 받았는데 화장실도 갈 수 있게 되었다.

　"집사님, 이제 되었습니다. 하나님이 고쳐주셨습니다."

　"전도사님, 이 은혜를 어찌 갚을까요?"

　"내가 한 게 아니라 하나님이 고쳐주신 겁니다. 그러니 앞으로 남편 목사님 사역 잘 도와주고 기도로 중보해주세요."

　민 집사와 남편 목사는 지금도 나를 찾아와 고마움을 전한다. 여든이 넘은 나이지만 나는 지금도 침을 가지고 다니며 필요한 때에 사용한다. 기도로 무장하되 침술이라는 도구를 통해 생명의 길을 열어 가신 하나님께 영광을 돌린다.

예기치 못한
시험 앞에서

　고양동 일대에 변화의 바람이 불었다. 군부대가 이동하며 고급 아파트가 들어서게 되었다. 교회는 사택을 헐어 교육관을 짓고 증축했지만 더 이상 성도를 수용하기 힘들어졌다. 교회를 새로 지어야겠단 소원이 들며 전 목사와 나는 엎드려 기도했다. 어떤 곳을 하나님이 주실지, 교회가 지어질 수 있을지, 아니 교회가 지어지는 것을 하나님이 원하시는지 묻고 부르짖었다.

　얼마 뒤 교회를 지을 좋은 부지가 나왔다는 소식을 들었다. 1,774평의 대자동 땅을 보니 쓰레기 더미 속 연못 땅에 비하면 아주 훌륭했다. 보자마자 마음에 들어왔다.

　'아버지, 이 땅을 주시면 참 좋을 것 같습니다. 이곳에 교회를 지으면 비좁게 예배드리지 않아도 되니 좋겠습니다.'

나도 모르게 소원을 품었다. 땅은 4억이 넘었다. 계약하려면 적어도 4천만 원이 필요했다. 교회 재정은 열악하기만 했다. 물론 지역 유지들이 교회에 오기도 했다. 하지만 대부분의 성도는 박봉에 가난했다. 사정을 뻔히 아는 나로서는 답이 나오지 않았다. 그러나 이미 마음의 소원이 강력했다. 이 마음을 담아 교회 건축 작정 예배를 시작했다. 전요한 목사와 나는 말씀으로 기도로 교회 건축에 대한 마음을 선포했다. 하지만 사단의 세력이 방해하기 마련이다. 교회를 새로 짓겠다고 선포하자 어느 날 교회 마당이 시끌시끌했다. 한 성도가 삽을 들고 소리를 지르고 있었다.

"전 목사, 당신! 교회를 짓겠다고? 누가 지으래?"

교회 성도들이 아롱이다롱이지만 그 성도는 워낙 과격하고 거칠었다. 조직폭력배 출신인 데다 세상에 미련을 두고 교회를 다녔다. 집안 형편이 어렵고 살기 팍팍하여 교회의 도움을 많이 받는 성도였다. 그런데 그가 대지를 사서 교회를 짓겠다는 소식을 듣고는 광분하여 찾아온 것이다.

"이봐, 그 땅 살 돈 있으면 나 같은 사람 도와주란 말이야. 그 땅 사기만 해봐. 내가 당신 죽일 거야."

갑자기 삽을 들어 전 목사를 향해 휘둘렀다. 교인들이 말려 큰 사고는 일어나지 않았다. 나중에 이 일이 퍼지면서 그를 출교시켜야 한다는 의견이 많았다. 그러나 나와 전 목사는 교인들을 다독였다. 그도 우리 형제이고 사랑해야 할 대상이니 감싸자고 했다. 그는 그날 이후 교회를 떠났고 힘들게 세상을 마감했단 소식이 들렸다.

한바탕 소동이 일어나면서 오히려 성도들은 교회 건축에 대한 소망이 커졌다. 하나님 하시는 일이란 믿음을 갖고 작정하여 헌금했다. 2천만 원의 헌금이 모였다. 계약금의 절반이었다. 성도들의 손길이 너무도 고맙고 황송했다. 그러나 나머지 2천만 원도 채워야 했기에 방법을 찾아야 했다.

불현듯 우리 집을 담보로 대출을 받으면 되겠다는 지혜가 생겼다. 당시 사택을 헐고 교육관을 지었기에 빌라를 얻어 사택으로 쓰고 있었다. 교회와는 떨어진 곳이라 목사님도 예배당까지 오려면 차를 타고 와야 했고 예배당이 집이었던 나도 잘 가지 않았다. 그 집을 담보로 융자를 받으면 부족한 돈을 마련할 수 있었다. 뛸 듯이 기뻐하며 은행을 가니 보증인이 필요하다 했다. 솔직히 보증은 어렵게 생각하지 않았다. 교인들이 보증을 설 줄 알았는데 현실은 아니었다. 다들 고개를 절레절레 흔들었다. 일이 막히니 속이 상했다. 벽에 부딪혔을 때 할 수 있는 건 기도뿐이었다. 그런데 생각지도 못했던 방향으로 응답이 왔다. 고양동 일대를 다니는 85번 버스회사 오 소장이란 사람이 보증을 서겠다고 나선 것이다.

"전도사님, 제가 서겠습니다. 전도사님 신용이야 동네에서 모르는 사람 없고, 교회가 있는데 무슨 일이 있겠습니까?"

고마운 일이었다. 오 소장의 도움으로 계약금 4천만 원을 마련하여 대지 매입에 성공했다. 마침내 1774평 대지가 교회 소유가 되었다. 얼마나 기쁜지 뛰어다녔다.

"땅이 교회 소유가 되었으니 그 땅을 담보로 대출을 받아서 값을 치르고 매달 헌금으로 이자와 원금을 갚아 나갑시다."

제직들과 의견을 모았다. 물론 개인적으로 얻어 계약금에 보탠 2천만 원은 훗날 빌라를 팔고 교회 가까운 아파트로 들어오면서 갚을 수 있었다. 이 일은 나와 전 목사 외에 아무도 모르는 일이다. 누구에게 드러낼 일도 자랑할 일도 아닌 그저 헌신이었기 때문이다.

땅을 매입했다고 끝난 게 아니었다. 교회를 짓기까지 넘어야 할 산이 많았다. 하지만 땅을 매입했다는 것에 감사했다. 나와 전 목사는 대지 앞을 지날 때마다 한참을 땅을 바라보며 기도했다. 다음 세대에라도 아름답게 세워질 새 성전을 마음으로 그리는 것만으로도 뿌듯했다.

그러다 예기치 않은 시험이 다가왔다. 우리 부부가 추천한 전도사가 교육전도사로 오게 되었다. 예순이 넘은 나이에 신학을 한 분으로 우리 교회와는 인연이 깊었다. 고양제일교회가 세워질 때 자원하여 헌금하며 교회를 섬긴 분이었다. 우리 부부가 늘 고마워하고 기도하던 이였다. 이따금 연락을 주고받았는데 사업이 잘되지 않아 위태로운 상황이었다. 법적인 책임을 묻는 상황까지 갔다는 소식을 듣고 그를 찾아갔다. 그분의 신앙을 알고 있기에 신학을 해보자고 제안했다. 늦은 나이라 입학이 어려웠지만 전 목사가 추천서를 써주어 웨스트민스터신학교에 입학할 수 있었다. 또한 우리 교회 교육전도사로 일할 수 있도록 배려했다.

그분이 교회에 오는 것을 반대하는 의견이 있었다. 물질로 섬긴 교회에 목회자가 되어 오면 위세를 부릴 수 있다는 염려였다. 내가 나서서 그분의 방패막이가 되어 주었다. 그럴 분이 아니며 그의 딱한 사정을 우리가 사랑으로 감싸주자며 반대 의견을 무마했다. 거기까지만 해야 했다. 나중에 그를 후임 목사로 세우면서 일이 커졌다. 후임 목사가 된다는 것은 큰 책임이 따르는 자리인데, 그간의 모습을 본 성도들이 반대하였다.

"그분은 후임 목사로 적합하지 않습니다. 우리 교회 목회 방향과 맞지 않고 무엇보다 주인 행세하고 있지 않습니까."

강력한 반대에 나와 전 목사는 고민했다. 그분을 곁에서 지켜보면서 흔들릴 때가 없었던 것은 아니다. 성도와 우리와의 관계를 떼어놓으려 하고 일부러 우리를 배제하는 모습을 볼 때면 사람의 연약함이라고만 생각했다. 허물없는 사람이 어디 있을까 싶어 끝까지 품어주자고 설득했다. 결국 그분이 후임 목사가 되었다. 이에 실망한 성도들이 교회를 떠나기도 했다. 성도들이 떠날 때, 팔 한 짝이 떨어져 나가는 듯 마음이 아팠다. 그들을 붙잡고 울며 기도했지만, 이미 자신을 이끌어갈 목자에 대한 확신이 없었기에 남지 않았다.

시끄럽던 후임 목사 건이 마무리되고 고양제일교회 2기 사역

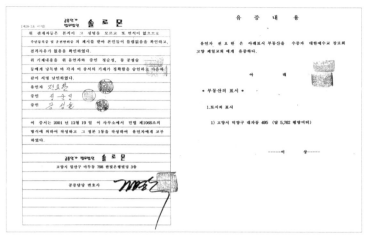

대지에 대한 소유가 교회임을 공증한 서류

이 시작되었다. 시작하자마자 후임 목사가 돌변했다. 교회 건
축을 위해 구매한 대지에 대한 소유권을 운운하며 문제를 제기
했다. 본래 대지를 구매할 당시 편의상 전요한 목사의 이름으
로 명의를 해놓았다. 그리고 교회의 소유임을 공증해 놓았다.
그런데도 중상모략을 했다. 전요한 목사가 땅을 자신의 소유로
취하려 했다는 등 말도 안 되는 이야기를 퍼뜨렸다.

　나에 대한 소문도 들려왔다. 창전교회를 사임하면서 받은 퇴
직금으로 교회 옆집을 구입하여 사택으로 사용했는데, 훗날 그
땅을 헐고 교육관을 짓게 되면서 시유지였던 땅을 대지로 불
하받기위해 내 이름으로 명의해 놓은 것을 트집 잡은 것이다.
그때 교육관을 지으려면 관의 불하를 얻어야만 했기에 방향경

이장이 또 한 번 애를 써 주었다. 그런데 보아하니 우리 땅 외에 옆에 시유지로 묶여 있는 땅들도 함께 불하를 내면 모두에게 이익이 되지 않을까 싶어 좋은 마음으로 함께 일을 진행했다. 당연히 명의가 필요했고 한꺼번에 일이 진행되어야 했기에 '김예분 외 00명의 땅' 으로 불하를 냈다. 그런데 이게 꼬투리가 되었다. "김예분 전도사가 그 일대 건물과 땅을 소유하며 월세를 받으러 다닌다."는 헛소문을 퍼트린 것이다. 서류만 확인하면 모든 게 거짓이라는 것을 알 텐데, 작정하고 사람을 깎아내리니 막을 도리가 없었다.

날이 갈수록 후임 목회자의 모략과 비방이 도를 지나쳤다. 우리를 믿어주는 성도들을 힘으로 눌렀다. 바른말을 하는 성도들을 교회 밖으로 쫓아냈다. 기가 막혀 말이 나오지 않았다. 얼마나 충격이 심했는지 한쪽 귀가 들리지 않게 되었다. 기가 막힌다는 말이 왜 나왔는지 실감할 정도로 아픈 시간이었다. 원로목사와 은퇴전도사가 된 우리 부부는 그 모든 수치를 당해야 했다. 버선목처럼 뒤집어 보일 수도 없고 그렇다고 우리가 세운 목회자와 싸울 수도 없었다. 날마다 회개기도를 했다.

"하나님 아버지, 저들을 용서해 주옵소서. 제가 인간적인 욕심에 사람을 잘못 세웠습니다. 이 모든 게 저희 잘못입니다."

예기치 못한 유라굴로 광풍을 맞으며 우리는 하나님께 엎드렸다. 수십 년간 헌신한 끝에 모략을 받게 되니 억울했고 한탄스러웠다. 교회가 나의 피난처였고 기도처였건만 예배당에 나가지도 못했다. 함께 즐겁게 신앙생활 했던 이들이 돌아서서 우리를 배척하니 마주할 용기가 나지 않았다. 교회 마룻바닥이, 예배당 의자에조차 마음껏 앉을 수 없을 지경이 되었을 때 너무도 가슴이 아팠다. 노년에 억울한 시련을 맞으니 답답하고 서운한 마음에 눈물의 기도를 드렸다.

어느 날 기도 중에 눈을 들어 십자가를 보았다. 십자가 위에서 온갖 고난을 당하신 예수님이 생각났다. 아무 죄도 흠도 없으신 예수님은 죄인을 구원하기 위해 이유 없이 수치를 당하셨고 부끄러움과 조롱을 당하셨다. 내가 겪는 고난은 아무것도 아니라는 생각이 들었다. 주님의 사랑과 고난을 생각하며 울었다. 이 고난이 언제 어떻게 끝날지 알 수 없지만 이것 역시 내가 겪어야 할 과정이라고 생각하며 감내하기로 했다.

누명 쓰지 말고
네 자리를 지키라

　후임 목회자는 기어코 교회 대지를 매각하기로 했다. 가슴이
아팠다. 하나님이 주신 성전을 지을 땅이 한 사람의 욕심으로
공중분해 되다니! 결코 하나님이 기뻐하실 일이 아니었다. 그
들은 우리를 계속 압박하고 공격했다. 평생 복음 전하는 일 외
에 어떤 욕심도 없던 전 목사는 그들의 공격에 대응하지 않았
다. 아픈 원로목사에게 허물을 뒤집어씌우는 그들의 악한 본성
에 화가 나기도 했다.

　"김 전도사, 다 내주세요. 싸우지 맙시다. 하나님 기뻐하실
일 아닙니다. 그냥 다 내줍시다. 원래 교회의 것이니 다 줍시
다. 그리고 우리가 떠납시다."

　결국 전 목사는 결단을 내렸다. 청춘을 쏟아 목회했던 곳을

이렇게 떠나기로 했다. 그럼에도 한마디 반박하지 않았다.

"알겠습니다."

전 목사의 의견을 따르기로 했다. 바로 그때, 하늘에서 벼락 치듯 음성이 들렸다.

"누명 쓰지 말고 네 자리를 지켜라!"

바로 옆에서 마이크를 대고 소리치는 것처럼 똑똑히 들려왔다. 하나님 음성이었다. 떠나지 않는 게 하나님 뜻이라는 확신이 들었다. 전 목사도 수긍했다. 앞으로 힘든 일을 겪어야 하겠지만 자리를 지키라는 하나님 명령에 따르는 게 맞았다. 교회는 이미 반으로 나뉘어 있었다. 충성하고 믿음을 지키던 자들의 떠난 자리를 볼 때 가슴에서 천불이 났다. 힘들게 거둔 생명의 열매를 잃었다는 슬픔이 컸다.

"아버지, 자리를 지키겠습니다. 다만 이곳을 떠난 영혼들의 상처를 위로해 주십시오. 그들이 신앙을 지킬 수 있도록 도와주옵소서."

그러는 사이 교회 대지 1,774평이 매각되었다. 전요한 목사가 공증을 받아놓은 증서를 내어주었고 10억에 매각되었다. 그대로 두었더라면 100배 이상의 가치를 지녔을 텐데 큰 손해였다. 지금도 그 땅을 지날 때마다 속에서 뜨거운 것이 올라온다. 이런 내 감정을 보면, 아직도 그들을 완전히 용서하지 못한 것 같다. 아마도 천국 갈 때까지 용서에 대한 기도는 계속되려나 보다.

이 일 이후 고양제일교회는 부흥의 속도를 내지 못했다. 하나님 나라의 원칙은 부하게 되고 나눠주는 것인데 사람의 욕심으로 쪼개 없었으니 당연한 결과다. 어쨌든 우리 부부가 천거한 사람이 후임이 되어 사달이 난 것이니 마음이 무겁다. 대지가 매각되고 재정이 어떻게 사용되었는지 잘 모른다. 이미 퇴임한 사역자인 데다 중상모략에 휘말린 일로 교회 일에서 멀어졌기 때문이다. 그럼에도 소식들이 들려왔다. 하나님이 엘리야 선지자에게 아직도 바알에게 무릎 꿇지 않은 칠천 명을 남겨두셨다고 위로해 주셨다. 나에게도 여전히 나를 신뢰하고 아껴주는 성도들이 있었다. 드문드문 듣게 되는 소식은 하나님이 슬퍼하실만하신 일들이었다. 우리를 그토록 괴롭게 하고 아프게 했던 후임 목회자가 퇴임하면서 공동의회도 거치지 않은 채 위로금으로 수천만 원을 챙겼다는 소식이었다.

가슴이 아팠다. 치적을 내세우는 건 아니지만 수십 년 교회를 위해 헌신하고 이곳이 신혼집이고 교회의 살림이 신혼살림인 양 살았던 우리에게는 그 어떠한 위로도 없었다. 내가 은퇴하며 받은 퇴직금은 교회 교육관에 불이 났을 때 봉투째 헌납했기에 전 목사 앞으로 나오는 원로목사의 연금 120만 원과 전셋집 한 칸이 전부였다. 30년간 한 교회를 섬기며 사례비로 받아온 150만 원이란 적은 사례비에 한 번도 불만을 품지 않았다. 보상을 바라지도 않았다. 주시면 주시는 대로 없으면 없는 대로 살았다. 우리의 헌신이 후임자들에게 전혀 본이 되지 않은 것 같은 서글픈 생각도 들었다. 사람에게 상처받지 말자고 마음먹어도 쉽지 않았다. 인간적인 생각으로는 소리 높여 항의하고 싶었다. 하지만 하나님은 누명 쓰지 말고 자리를 지키라고 하셨다. 그러니 잠잠히 참고 기다리는 게 맞았다.

고양제일교회는 한차례 광풍을 지나며 진통의 시기를 걸었다. 교회를 뒤흔들어 놓은 후임 사역자가 사임한 뒤 교회는 잠잠해졌다. 그러나 남은 세력이 사사건건 우리를 모함하며 성도와의 교제를 방해했다. 이유를 알 수 없는 비방을 당하며 오히려 그들을 위해 기도했다.

"아버지, 저들의 마음을 사랑으로 녹여주옵소서. 자신이 무슨 죄를 짓는지 모릅니다. 저에게 저들을 끝까지 사랑할 수 있는 마음을 주셔서 미워하지 않게 하시고 도리어 사랑할 수 있게 하옵소서."

2004년 전요한 목사와 함께 은퇴한 뒤 16년째 그 기도가 계속되고 있다. 몇 년 전 먼저 천국에 간 전 목사가 그곳에서 나와 같은 마음으로 기도하고 있으리라 생각한다.

감사한 것은 하나님의 음성을 듣고 순종하였기에 우리의 꿈과 땀과 기도가 녹은 고양제일교회에서 지금도 신앙생활을 하는 것이다. 비방과 모략을 견디지 못하고 떠났다면 지금까지 회의가 들었을지도 모르겠다. 잘못된 판단 한 번으로 얻게 된 파장이 너무 크기에 가혹하다고 생각했을지도 모른다. 그 마음을 아신 아버지께서 자리를 지키라고 명령하셨기에 견디기 힘든 시간을 버틸 수 있었다. 자리를 지켰더니 차츰 회복되게 하셨다.

이유 없이 모략하고 곤경에 빠뜨리고 간 사람이 갑자기 죽음을 맞는 이야기가 들려올 때면 '하나님은 심판의 하나님이시구나!'라며 옷깃을 여미게 된다. 하나님의 뜻에 합당한 삶을 살아야겠다며 허리끈을 동이게 된다. 무엇보다 묵묵히 믿어주고 기도해주는 이들이 내 곁을 든든히 지켜주고 있다는 것으로 위로를 받는다.

고생이
운명이 된 종들

"김 전도사, 나 이제 가야 할 것 같습니다. 목사가 복음 못 전하게 되면 천국 가야지요. 이제 다 된 것 같습니다."

어느 날부터인가 전요한 목사가 천국을 예고했다. 어느새 그의 나이 벌써 여든이 훌쩍 넘었다. 주전자 들고 갈 힘도 없이 꺼져가던 생명을 50여 년 생명을 연장하신 하나님은 육체의 가시를 완전히 제하신 건 아니지만 연약함을 통해 강함을 드러내셨고 주의 종의 길을 가게 하셨다. 그로 인해 철저히 엎드린 신앙이 되었다. 복음으로만 무장한 인생이 되게 하셨다. 그리고 하나님은 나에게 그의 무거운 짐을 나눠서 지게 하셨다.

전요한 목사는 나와 함께 은퇴한 뒤 세계 선교사역에 집중했다. 교단은 회기를 거듭할수록 안정을 찾았고 노회도 많이 늘었다. 전 목사는 총회 일보다 해외 선교에 관심을 두고 기도했다. 몸이 약해 운신의 폭이 좁았지만 후배 선교사들이 도움을 요청할 때는 즉각 기쁘게 응답했다. 아픈 몸을 이끌고 해외 선교지를 가고 그렇지 못할 땐 물질이나 다른 방법으로 헌신했다.

"김 전도사, 이번에 장종호 선교사가 브라질에 교회를 짓는데 물질이 필요할 겁니다."

"그러게요. 얼마나 필요하답니까?"

"많을수록 좋겠지요. 그래서 교회에서 제공한 차를 팔아서 돈을 만들어보면 어떨까 생각합니다."

우리는 복음이 전파되는 곳에 어떻게든 헌신하고 싶었다. 하지만 가지고 있는 것이 없어 늘 안타까웠다. 고양제일교회에서 은퇴할 때 위로금을 받지 않았다. 지금 사는 곳도 사택을 헐어 교육관을 지어 헌납하는 바람에 전세로 들어온 아파트였다. 30년 사역 내내 월급은 150만 원이었다. 은퇴 후엔 그나마 감봉되어 늘 빠듯했다. 전 목사는 은퇴하면서 교회에서 받은 자동차를 처분해 만든 물질을 해외 선교지로 보냈다. 그만큼 복음밖에 몰랐다.

덕분에 가정을 건사하는 일은 고스란히 내 몫이었다. 전처에게서 얻은 1남 3녀, 하나님이 주신 막내아들까지 책임질 가족이었다. 비록 외가에서 순희를 제외한 셋을 건사했지만, 생활비와 등록금 등을 지원해야 했다. 사역자가 받는 사례로는 도저히 감당할 수 없는 일이었다. 그러나 하나님은 물질 문제로 엎드릴 때마다 해결해 주셨다. 엘리야에게 까마귀를 보내주셨던 것처럼 말이다. 어떤 날은 성도의 귀한 헌신으로, 어떤 때는 재능기부로 어떤 때는 좋은 만남으로 부족한 부분을 채워주셨다. 순희는 부모로부터 받은 유전 때문인지 폐병으로 허약했지만, 차윤근 박사 덕에 치료를 받아 회복되어 지금은 약사가 되었다.

순희가 결혼할 때는 사위를 얻기 위해 40일 금식하며 기도했다. 현재 위너스 제약의 회장인 사위는 하나님을 잘 섬기고 있다. 자식 키우는 일은 기도를 한시도 놓쳐선 안 된다. 잘 해도 티가 나지 않지만 못하면 티가 나는 부모 역할을 혼자 감당해야 했다. 다행히 간절한 기도 덕분인지 다들 잘 지내고 있다. 그것으로 감사하다. 키워준 공은 없다더니 연락 없이 지내도 사랑했으니 됐다.

다행히 막내 성열이가 있어서 큰 위로가 된다. 6개월 만에 세상에 나온 불쌍한 아들. 눈코 뜰 새 없이 바쁜 엄마의 젖 한번 먹지 못하고 교회 성도들과 함께 자란 성열이는 큰 기쁨이 되었다. 아브라함에게 기쁨의 아들 이삭이 있었던 것처럼 우리 부부에게 성열이가 그랬다. 전 목사가 마지막 가는 길까지 외롭지 않았던 것은 성열이네 가족이 함께했기 때문이다. 가끔 투정 삼아 "엄마, 엄마는 나 한번 안아줘 봤어요?" 따지기도 하지만 아들이 있어 기쁨은 더할 나위 없다. 막내를 볼 때마다 하나님께 엄마가 되게 해 주신 것에 감사한다. 전 목사에게 어머니가 큰 힘과 용기가 되었던 것처럼, 나도 성열이에게 그런 엄마가 되고 싶다.

다섯 남매를 건사하다 보니 나는 옷 한 벌 음식 한번 제대로 취하지 못했다. 언제나 주머니는 비어 있었다. 평생 오리털 점퍼 사 입지 못하고 남들 가져다준 옷을 입고 다녔다. 장롱 한 짝 내 것이 없었다. 고생을 낙으로 삼은 게 아니라 고생을 운명으로 삼으니 살아졌다. 개인적인 공간, 개인적인 시간 한번 없이 살아왔다. 전 목사도 알고 있었다. 다 알고 있지만 우린 고생을 감추느라 바빴다. 그래도 은퇴하는 날, 전 목사는 처음이자 마지막으로 나를 세워주었다. 한 번도 성도들 앞에서 전도사의 공적을 치하하지 않았는데 그때는 그간의 공을 인정하며 감사패를 주었다. 그걸로 충분하다.

이렇게 복음밖에 몰랐던 그가 천국에 갈 준비를 하고 있었다. 폐 질환을 앓으며 50여 년을 버틴 기적의 종, 병원 치료도 불가능해 늘 병을 안고 살았지만, 복음으로 충분했다. 연약한 몸으로 사역하며 빛도 이름도 없이 때론 멸시도 받았지만 끝까지 하나님과 동행했던 그였다. 하늘나라에 가면서도 나에게 수발 한번 들지 않게 하다가 기도하듯 엎드린 채 아름다운 모습으로 하나님 나라에 갔다.

"목사님 천국에 잘 가요. 금방 따라갈게요."

2012년 10월 2일 고양제일교회에서 총회장장으로 장례가 치러졌다. 성역을 마치고 천국으로 돌아간 전요한 목사를 추모하는 이들이 모였다. 교단 부총회장인 이주형 목사가 인도하고 총회장 이철호 목사가 '달려갈 길을 다 간 후에(딤후 4:7~8)'라는 제목의 설교를 했다.

"전요한 목사는 일제강점기, 6·25전쟁 등 참담하고 어두운 시기에 한국 교회가 하나님 앞에 바로서야 한다는 열정과 사명감을 가지고 총회장으로서 전국 교회를 섬겨주셨습니다. 남은 우리도 목사님 생전에 주님과 함께 걸어가신 발자취를 따라 한국 교회의 갱신과 부흥, 세계선교의 진작을 위해 전력합시다."

합신 총장 성주찬 목사, 김승식 목사, 증경총회장 김정식 목사 등도 전 목사를 기리며 가슴 아파하고 나를 위로해 주었다.

"전요한 목사님은 누가 뭐래도 자랑스러운 교단, 단합된 교단, 알찬 교단, 교권이 발 못 붙이는 순수한 교단이 되도록 온 힘으로 이끄셨습니다. 그 수고와 자부심과 긍지로 후배 목사에게 본보기가 되었습니다. 특히 합신과 장신, 교단 합동에 있어 신학교를 비롯한 일체의 기득권을 포기하고 합동의 결단을 내려 아름다운 합동을 일구어 오늘의 하나 된 합신 교단이 되는 데 큰 역할을 해 주셨습니다. 건강이 좋지 않음에도 불구하고 끊임없이 기도한, 기도의 사람이셨습니다."

남편 전요한 목사의 장례를 지켜보며 감사의 눈물이 났다. 그의 지난하고 고통스러웠을 삶이 아프고 불쌍했다. 하지만 하나님이 연약한 종을 통해서 하신 일들이 너무 커서 감사했다.

우리의 생각과 힘으로 가늠할 수 없는 일이었다. 하나님은 당신의 종을 데려가시면서 그 빛을 환하게 비추셨다. 젊은 날 내게 보여주신 환한 등의 환상이 천국 가는 길에 증거로 보여주셨다.

전 목사를 천국으로 환송하고 나는 혼자가 되었다. 사람이 든 자리는 몰라도 난 자리는 안다. 부부로 독립적인 관계를 유지했지만 얼마간 허전한 마음을 감출 수 없었다. 하지만 이내 나의 아버지 하나님께서 당신만을 더욱 바라보게 하심으로 마음을 채워주고 계시다.

복음의
다음 세대를 꿈꾸며

2020년 나는 여든넷이 되었다. 적지 않은 나이에 나는 큰 계획을 세웠다. 루마니아 선교 여행이다. 루마니아는 남편 전요한 목사가 생전에 선교를 위해 후원한 나라다. 후배 박창수 선교사 부부가 그곳에서 현지인 선교를 하고 있어 기도하며 물질로도 섬겼다. 은퇴하면서 받은 자동차를 처분한 재정을 헌금한 곳이기도 하다.

동유럽과 남유럽에 걸쳐있는 루마니아는 오랜 시간 사회주의 체제에 있던 가난한 나라다. 국민 대다수가 정교회 신자로 기독교 복음화는 3%도 안 된다. 문화와 교육 수준도 높지 않아 선교가 어려운 곳이다.

하나님은 선교사의 수고를 헛되이 보지 않으셔서 열매를 거두게 하셨다. 수년 만에 교회를 세우게 된 것이다.

"전도사님, 이번에 교회를 지었는데 개척 예배 맞춰서 들어오세요."

"박 선교사님, 이 나이에 갈 수 있을까요?"

"전요한 목사님을 제가 아버지처럼 섬겼으니 전도사님이 어머니잖아요. 교회가 서기까지 기도해주시고 많은 도움을 주셨으니 꼭 오세요."

"그래요. 그럽시다."

덜컥 약속은 했지만 걱정되었다. 가장 염려되는 것은 건강이었다. 먼 길을 다녀와야 하는데 혹시라도 건강에 문제가 생기면 어쩌나 두려웠다. 이를 놓고 기도하니 마음의 평안함이 왔다. 하나님이 무릎과 허리 모두 고쳐주셨기에 다니는 일이 훨씬 수월해졌다. 용기를 내기로 했다. 나 혼자 비행기를 타는 게 걱정이 되었는지 박 선교사님은 사모님을 한국에 보내 함께 하도록 했다.

해외 선교지에 간다니 아들 성열이가 봉투를 내밀었다. 지금까지 아들 내외가 드린 십일조 중 일부를 아버지의 뜻을 따라 해외 선교에 보태고 있었다. 그런데 이번에 더 많은 후원을 한 것이다. 그 마음이 고맙고 감사했다. 한국에서 터키 이스탄불로, 다시 루마니아 부쿠레슈티가 가는 일정이라 12시간이 넘게 걸렸다. 그런데도 피곤하지 않았다. 하나님이 기뻐하시는 방문이라 그랬던 것 같다.

일주일간의 선교 여행에서 많은 것을 느꼈다. 나라는 전반적으로 가라앉은 분위기였다. 사회주의 체제에서 벗어난 지 얼마 되지 않아 주민들이 열심히 일할 생각을 하지 않는다고 했다. 눈에 보이는 광활한 땅이 전부 노는 땅이었다. 삶이 의욕이 없는 것처럼 보였다. 비전이나 소망과는 거리가 먼 이들에게 복음을 전하는 일이 얼마나 어려울지 안타까운 마음이 들었다. 또한 루마니아는 집시 천국이었다. 여기저기 떠돌아다니며 성적으로 문란한 집시들로 인해 사회문화적으로 퇴행하고 있다고 한다. 근본을 모르는 아이들이 거리에 넘치고 교육 체계도 잡혀 있지 않아 교회가 해야 할 일이 많았다.

"전도사님, 그래도 저희가 이곳에 들어와 사역하는 동안 꽤 많이 전도되었습니다. 그러니 이렇게 교회도 세울 수 있게 되었지요. 물론 전도사님을 비롯한 많은 분의 후원 덕분이기도 합니다."

"선교사님, 그런 말 마세요. 정말 귀한 일 하십니다. 현지에 와서 현지인이 되어 복음을 전하는 일이 얼마나 힘든 일입니까! 꿈도 희망도 없는 이들에게 예수라는 빛을 꼭 전하십시오. 땅끝까지 복음을 전하라고 하신 명령에 순종하며 사는 모습, 정말 귀합니다."

나는 박창수 선교사 부부를 위해 축복해주고 그 땅을 위해 기도했다. 아무것도 없이 놀고 있는 땅에 희망의 풀씨가 날아 복음의 뿌리가 내리기를 기도했다. 내가 할 일은 그저 기도하며 그들을 축복해주는 것이었다. 교회에 모인 현지인들에게 몇 마디 영어로 인사하며 사랑해주었다. 신기한 것은 전 세계적으로 통하는 몸의 대화다. 언어도 물도 선 곳이지만 웃으며 기뻐하니 하나가 되었다. 일주일간 머물면서 어린아이 친구도 사귀었다.

교회를 보니 마음이 흐뭇했다. 정교회가 사회를 장악한 가운데 진짜 복음을 전하는 십자가가 세워지는 것을 보며 땅끝까지 일하시는 하나님을 느낄 수 있었다.

루마니아에서 돌아오는 길에 나도 모르게 눈물이 났다. 전요한 목사가 세계 선교 사역을 위해 생전에 심은 씨앗이 열매를 맺고, 여든이 넘은 나이에 내가 그 열매를 보러 루마니아 땅을 밟게 된 것에 감사했다. 척박한 땅에서 묵묵히 복음을 전하는 후배 목회자가 고마웠다.

"전도사님, 저희에게는 어머니이십니다. 신학교 지을 때도 꼭 오셔야 합니다."

"불러만 주면 감사한 마음으로 올게요. 우리 또 만납시다."

뜨거운 인사를 하고 돌아왔다. 우리는 모두 빚쟁이다. 복음의 빚을 지고 있는 그리스도인이기에 언제 어디서나 복음을 전해야 한다. 그것이 우리가 이 땅에 머무는 동안 해야 할 최우선 과제다. 귀 있는 자는 듣게 될 예수라는 복음, 십자가 복음을 전하며 다음 세대를 세워가길 기도한다.

할머니 전도사,
예배당에 가다

새벽 4시면 어김없이 잠자리에서 일어난다. 오늘 하루도 생명을 허락하신 하나님께 감사하며 간단히 세수하고 성경책을 들고 집을 나선다. 평생 거의 화장도 안 하고 살았기에 하나님 주신 모습 그대로 예배당으로 간다. 고정 좌석이나 다름없는 자리에 앉아 기도로 하루를 연다. 주의 종이 된 후 60년 넘게 해온 일이다. 새벽 예배 시간은 아버지와 조용히 만나는 시간이다. 예배가 끝난 뒤에도 계속 남아 기도한다.

기도를 마치고 5분 거리의 집으로 가 아침을 먹고 나면 우리 집은 사랑방이 된다. 오랜 시간 함께 신앙생활을 해 온 집사님, 권사님들이 우리 집을 찾아와 이야기를 나누고 기도 제목을 나눈다. 그러다 보면 또 반가운 손님들이 문을 두드린다. 안부도 묻고 기도를 부탁하러 오는 오랜 지인들과 신앙의 동료들이다. 여기서 끝나지 않는다. 예배 때 보이지 않는 성도들이 있으면 기억해 두었다가 전화를 걸어 안부를 묻는다. 연락을 하면 반드시 기도할 일이 있다. 내가 할 일은 그들을 다독이며 기도하는 것이다.

하루 대부분을 기도를 나누고 기도 부탁을 받기에 저녁이 되면 기도하러 교회로 간다. 그러다 보니 교회에 있는 시간이 많다. 집에서도 기도하지만 워낙 젊었을 때부터 예배당 마룻바닥에서 기도하던 습관 때문인지 예배당이 체질에 맞다.

"전도사님, 그렇게 기도하시는데 아직도 기도할 게 있으세요?"

성도들은 웃으며 농담을 한다. 하지만 나는 하루 한시도 기도를 쉴 수 없다. 기도 부탁을 들으면 나는 거절하지 못한다. 꼭 해준다. 평생 기도의 빚진 종이기 때문이다. 주의 종, 말 그대로 주님의 명령을 따라야 하는 운명이기에 주님이 하셨던 기도의 삶을 따르는 게 당연하다.

조지 뮬러 목사는 평생 5만 번의 기도 응답을 받았다고 한다. 60년간 기도한 나도 세어보지 않았지만 그에 못지않게 기도 응답을 받은 것 같다.

하나님은 살아계시고 바로 우리 곁에 계시며 쓸 것을 미리 아시고 긍휼히 여기시기 때문에 진심으로 드리는 기도에 무조건 응답하신다. 지금도 나는 기도 응답을 받았다는 소식을 자주 듣는다. 기도 부탁을 받았던 이들이 전하는 기쁜 소식이다. 아픈 곳이 낫고 영적으로 타락했던 이들이 소생하며 재정의 어려움에서 벗어났다는 소식을 듣는다. 하나님은 세상에서 살았던 당신의 자녀들을 다시 그리스도인으로 돌아오는, 은혜 안에 거하는 삶으로 바꾸어 가신다. 병 고침을 통해 세상과 타협했던 이들이 성숙한 그리스도인이 되고, 어려운 문제를 해결해 주심으로 세상과 타협하며 살지 않기로 결단하는 신앙으로 바뀌게 하신다. 이러한 변화를 날마다 목도하기에 기도를 멈출 수 없다.

몇 년 전 기도의 자리에 가는 게 불가능한 적이 있었다. 허리와 무릎이 움직일 수 없을 정도로 아팠다. 오래전 높은 데서 굴러떨어졌을 때 병원에 가지 않고 버텼던 것이 잘못이었다. 수십 년이 지나 병원에 가니 그때 치료받지 못한 후유증으로 뼈가 삐져나와 신경을 눌러 통증이 심하다고 했다. 이제는 치료도 할 수 없다고 했다. 무릎도 그랬다. 젊어서 얼마나 돌아다녔는지 무릎 연골이 닳아 걸을 때마다 통증이 있었다.

"아버지, 나 좀 살려주세요. 저 예배당 가서 기도하고 싶어요."

아픈 종의 기도를 들어달라며 부르짖었더니 하나님은 응답하셨다. 병원에서는 치료할 수 없다고 했지만 살아계신 하나님은 병든 몸에 손을 대어 낫게 해 주셨다. 오므리지 못한 무릎이 굽혀졌고 숙이지 못했던 허리가 펴졌다. 허리와 무릎이 다시 움직여지니 얼마나 기뻤는지 모른다.

"아버지, 아버지, 감사해요. 아버지 저 정말 잘 걷지요?"

기도의 자리로 다시 인도하신 아버지의 선하심에 감사해 울며 웃으며 교회로 향했다. 천국 갈 때까지 해야 할 일은 오직 기도뿐이라는 것을 확신했다.

아버지와의 대화는 늘 기쁘고 즐겁다. 여전히 열일곱 소녀가 아버지에게 말하듯이 까불 수 있어서 행복하다. 하나님 안에서 나는 늘 소녀다. 그러고 보면 나는 평생을 하나님과 대화하며 살았다. 천국에 가서는 하나님과 마주하며 대화할테니 더욱 좋지 않은가.

여든넷, 앞으로의 삶이 너무 기대된다.

그래서 오늘도 기도하러 예배당으로 간다.

아버지와 동행

지은이 | 김예분
펴낸이 | 박상란
1판 1쇄 | 2020년 8월 3일

펴낸곳 | 피톤치드
기획 | 고수정   **디자인** | 황지은   **교정** | 강지희
경영·마케팅 | 박병기

출판등록 | 제 387-2013-000029호
등록번호 | 130-92-85998
주소 | 경기도 부천시 길주로 262 이안더클래식 133호
전화 | 070-7362-3488
팩스 | 0303-3449-0319
이메일 | phytonbook@naver.com

ISBN | 979-11-86692-48-6(03230)

「이 도서의 국립중앙도서관 출판예정도서목록(CIP)은 서지정보유통지원시스템 홈페이지
(http://seoji.nl.go.kr)와 국가자료공동목록시스템(http://www.nl.go.kr/kolisnet)에서 이용하
실 수 있습니다.(CIP제어번호: CIP2020028809)」